Proficiency-Based Instruction

PBIによる日本語教育の実践

プロフィシェンシーを伸ばす、話す能力をつちかう授業

三浦謙一・渡辺素和子 編著
味岡麻由美・川西由美子・久保百世・高見智子 著

はじめに

　近年、言語教育において「Social Justice（社会正義）」「協同」「つながり」「多様性」などさまざまな焦点、目標が提唱されています。このような試みに共通していることは、言語学習が「学習者の人間的成長の場」としてとらえられていることです。言い換えれば、学習の過程で身の回りのさまざまな「他者」と触れ合うことにより、視野を広げつつ言語を習得することが強調されています。しかし、このような試みは、ともすれば、過程（他者との触れ合い）に焦点が当てられすぎ、本題である言語習得がおろそかになる危険性をはらんでいます。

　ここで有用となるのがProficiency-Based Instruction（プロフィシェンシーに基づいた指導法、PBI）です。PBIとは「言語が上達するとはどういうことなのか、上達するには何が必要か」を考慮した言語教授法です。本書はAmerican Council on the Teaching of Foreign Languages（ACTFL、米国外国語教育協会）のACTFL Proficiency Guidelines 2024（2024年版ACTFLプロフィシェンシーガイドライン、ACTFLガイドライン）をもとにPBIを詳説する目的で書かれています。PBIを積極的に取り入れてはじめて冒頭にあげた指導法は「言語の上達」「人間としての成長」の2つの目標を達成できると言えるでしょう。

　本書は教案作りの礎として使用できるばかりではなく、カリキュラム作成にも役立ちます。言語の授業において学習者が「何を知っているか（知識）」ではなく「何ができるようになるか（能力）」という目標を立てることが必要であることは言うまでもありません。「何ができるようになるか」という目標設定をするにあたり、本書のACTFLプロフィシェンシーガイドラインとPBIについての詳説は一助となるでしょう。また、外国語の学習、教授、評価のためのヨーロッパ共通参照枠（Common European Framework of Reference for Languages: Learning, Teaching, Assessment）を軸に「話者の言語能力」を考える際にも本書を参考にすることができます。

　本書の編者、著者は全員ACTFL Oral Proficiency Interview（話すプ

ロフィシェンシー判定インタビュー、ACTFL OPI）のテスターの資格を持っており、プロフィシェンシーの基準を熟知しています。それだけではなく、各所属機関において積極的にプロフィシェンシーの概念に基づいた授業を行う「現場」の教員たちでもあります。そのため、授業案、授業報告は、「共有」を旨として書かれており、日本語教育に従事している方々、これから始めようとしている方々が即、活用できる内容となっています。

第1部（第1章：三浦謙一、第2章：渡辺素和子）では、ACTFLガイドラインの概要について述べ、PBIがどのような教授法であるかを説明します。続く第2部（第1章：渡辺素和子、第2章：川西由美子・味岡麻由美、第3章：三浦謙一）では、学習者を初級から中級へ導くために何が必要かを述べ、実際の指導案、指導報告を提示します。第3部、第4部の構成も第2部の構成に準じます。第3部（第1章：渡辺素和子、第2章：久保百世、第3章：髙見智子、第4章：渡辺素和子）では、中級から上級へ向けての指導、第4部（第1章：三浦謙一、第2章：三浦謙一、第3章：渡辺素和子）では上級から超級へ向けての指導に焦点が当てられています。2024年版ACTFLガイドラインには超級の上の「卓越級（Distinguished）」というレベルの記述がありますが、これは非常に高いレベルであるため、特殊な教育機関を除き一般の教育機関では目標とされないレベルです。「補」(三浦謙一)では、超級と照らし合わせつつ、このレベルの能力を解説します。さらに「補」では、言語能力アセスメントにおいて世界の二大基準とも言えるACTFLガイドラインとCEFR（Common European Framework of Reference for Languages: Learning, Teaching, Assessment、外国語の学習、教授、評価のためのヨーロッパ共通参照枠）との関連性について詳説されています。

本書を読み進めるにあたり、まず第1部でACTFLガイドライン、PBIとは何かを理解してからほかの部に移ることをお勧めします。本書が日本語教育においてカリキュラム作成、授業案作成、教員養成等、さまざまな分野で活用されることを願っています。

目次

第1部　PBI（Proficiency-Based Instruction）の概要

第1章　ACTFLプロフィシェンシー
　　　　ガイドラインの概要　（三浦謙一）　002

第2章　プロフィシェンシーに基づいた指導法：PBI（渡辺素和子）　024

第2部　初級レベルの指導

第1章　初級から中級へ
　　　　―何ができるようになることが必要か―（渡辺素和子）　044

第2章　初級から中級をめざす活動（川西由美子・味岡麻由美）　062

第3章　初級の学習者が中級をめざす授業（三浦謙一）　086

第3部　中級レベルの指導

第1章　中級から上級へ
　　　　―何ができるようになることが必要か―（渡辺素和子）　104

第2章　中級-下から上級をめざす活動（久保百世）　122

第3章　中級-中・上の学習者が上級をめざす活動（高見智子）　148

第4章　ナラティブの指導
　　　　―体験談と手順説明を中心に―（渡辺素和子）　166

第4部　上級レベルの指導

第1章　上級から超級へ
　　　　―何ができるようになることが必要か―（三浦謙一）　186

第2章　上級から超級をめざす活動　―授業報告―（三浦謙一）　204

第3章　上級の学習者が超級をめざす授業（渡辺素和子）　226

第5部　補遺

第1章　補：卓越級とは（三浦謙一）　244

第2章　補：CEFRとACTFLガイドライン（三浦謙一）　250

おわりに　257
著者一覧　259

第 1 部　PBI（Proficiency-Based Instruction）の概要

1 ACTFL プロフィシェンシーガイドラインの概要

三浦謙一

❶ ACTFLプロフィシェンシーガイドラインの概略

　American Council on the Teaching of Foreign Languages（米国外国語教育協会、以下ACTFL）は、1967年に米国における言語教育者支援のために結成されました。その後、ACTFLは、言語教育のさまざまな領域で中心的役割を担ってきました。その一環としてACTFLが作成したProficiency Guidelines（プロフィシェンシーガイドライン）には言語学習者のレベルごとの能力が記述されています。現在に至るまで、この基準はさまざまな教育機関で学習者のレベルを測る基準として用いられ、カリキュラム作成、第二言語習得の研究においてもさかんに活用されています。また、米国以外でも広く利用、研究されるようになり、現在では、CEFR（Common European Framework of Reference for Languages: Learning, Teaching Assessment: 外国語の学習、教授、評価のためのヨーロッパ共通参照枠）と並んで、全世界で認識されている言語能力基準の一つとなっています。

　まず、ガイドラインは1982年にACTFL Provisional Proficiency Guidelines（以下、ACTFL暫定ガイドライン）として作成されました。ACTFL暫定ガイドラインは米国政府のInteragency Language Roundtable（省庁間言語円卓会議、以下ILR）の外国語運用能力基準がベースとなっています。ILRの基準はもともと外交官等の政府関係者の言語能力を測定するために作成されたものでした。そのため、どのような仕事をこなし得るかという点が中心ですが、ACTFL暫定ガイドラインでは、この基準をもとに「大学教育で使用できる一般的な言語能力」が強調されました。

　ILRの基準は0から5の5段階からなっています。0はACTFLが規定するNovice（初級）、1はIntermediate（中級）、2はAdvanced（上級）、3から5はSuperior（超級）と定められました。ILRの基準は5まで存在しますが、大学教育において達成可能なレベルは3までであると見な

され、レベル3、4、5はすべて超級とされました。また、ILRの各レベルの基準には＋（プラス）レベルがある（レベル5を除く）のに対して、ACTFL暫定ガイドラインの基準は、初級、中級は「上、中、下」のサブレベルがつけられ、上級は「上級」と「上級プラス」に分けられました。ILRの基準と1982年のACTFL暫定ガイドラインの基準の対応は次の表にまとめられています。

表1　ILRの基準とACTFL暫定ガイドラインの基準の対応

ILRの基準	ACTFL
5 母語話者、または、バイリンガル言語運用能力	Superior（超級）
4+ 4 フル・プロフェッショナル言語運用能力	
3+ 3 プロフェッショナル言語運用能力	
2+ 2 限定プロフェッショナル言語運用能力	Advanced Plus（上級プラス） Advanced（上級）
1+ 1 初級言語運用能力	Intermediate High（中級-上） Intermediate Mid（中級-中） Intermediate Low（中級-下）
0+ 0 言語運用能力なし	Novice High（初級-上） Novice Mid（初級-中） Novice Low（初級-下）

(ACTFL, 1982)

ACTFL暫定ガイドラインには「話す、読む、書く、聞く」能力についてレベルごとに詳しい説明がつけられています。その内容の一番の特徴は、「何を知っているか」ではなく、「言語を使って何ができるか」（プロフィシェンシー）に焦点が当てられていることにあります。これは、どのような業務がこなせるかというILRの基準の影響が色濃く見られるのですが、それまで翻訳、語彙、文法などを中心とした知識重視だった外国語教育はACTFL暫定ガイドラインによって新しい方向を示されたと言えるでしょう。その後、ACTFL暫定ガイドラインの「話す」基準はOral Proficiency Interview（以下、OPI）の基準としてのみならず、さまざまな教育機関の目標設定、学習者の評価等でも広く利用されていきました。

　1999年にはACTFL暫定ガイドラインの話す基準に一部修正が加えられ、「1999年版ACTFLガイドライン」として公表されました。このガイドラインにおいての最大の変化は上級が「上、中、下」の3つのサブレベルに分けられたということです。これには2つの理由があります。一つ目の理由は「上級−下より上であり、超級より下」という「上級プラス」の幅が広すぎたことです。また、1999年版ACTFLガイドラインでは、「超級はILRの3にあたる（3+以上はOPIでは測定しない）」と規定されたことがもう一つの理由です。それまでは「超級は3以上」と規定されていたので、ここで「3のレベルとは何か」をはっきりさせる必要が生じました。それにともない超級のすぐ下のレベル、つまり、「上級−上」もしっかり定める必要が生じたということです。

　1999年の改訂は話す基準のみでしたが、その後、全技能についてさらに改訂が進められ、2012年に「ACTFL 2012年版プロフィシェンシーガイドライン」（以下、2012年版ACTFLガイドライン）が公表されました。2012年版ACTFLガイドラインの一番の特徴は、全技能について超級の一段階上のDistinguished（卓越級）というレベルが設けられたことです。ILRの基準と2012年度版のACTFLの基準は表2のように対応しています。

　2012年に卓越級が設定されたことには主に2つの理由があります。まず、超級が言語習得において一番上のレベルではないことを示すことです。次に超級のベースラインとはどのようなレベルかを明示する

ことです。超級の上のレベルを示すことによって超級レベルの幅を示し、超級レベルの能力は、より明確にされたと言えるでしょう。(卓越級と超級の詳細な比較に関しては「補」(pp.250-255) をご覧ください)

表2　ILRの基準と2012年版ACTFLガイドラインの基準の対応

ILRの基準	ACTFL
5	Distinguished（卓越級）
4+	
4	
3	Superior（超級）
2+	Advanced High（上級-上）
2	Advanced Mid（上級-中）
	Advanced Low（上級-下）
1+	Intermediate High（中級-上）
1	Intermediate Mid（中級-中）
	Intermediate Low（中級-下）
0+	Novice High（初級-上）
0	Novice Mid（初級-中）
	Novice Low（初級-下）

(ACTFL, 2012b)

　2024年には「ACTFL 2024年版プロフィシェンシーガイドライン」(以下、2024年版ACTFLガイドライン) が発行されています。この最新の版の目的は2012年版のわかりにくい表現、専門用語をわかりやすくするということです。例えば、2012年版の「言語を使って創造する (create with language)」という表現は、2024年版では「習った語彙、文法などを置き換えて、自分のことばで表現する」とされています。この改訂によってACTFLガイドラインは、より広い層での使用が可能になったと言えるでしょう。

　また、2024年版ACTFLガイドラインでは、「対人形態 (inter-personal mode)」「発表形態 (presentational mode)」「解釈形態 (interpretive mode)」の3つの言語使用の「形態」について言及されています。例えば、話す能力において、それまでのガイドラインでは、対人形態の能力のみ取り上げられていました。つまり、「会話をする」際の外国語を使用する能力です。しかし、「話す」という行為には「発表をする」という形態も存在します。それをふまえて、2024年版ACTFLガイドラインでは各技能の「話す能力：対人、発表」「書く能力：対人、発表」「聞く能力：対人、解釈」「読む能力：対人、解釈」の形態について述べられています。

　上記の「形態」に注目することになったことには、「外国語の学習、教授、評価のためのヨーロッパ共通参照枠（Common European Framework of Reference for Languages: Learning, Teaching, Assessment、以下CEFR）の影響が色濃く見られます。CEFRでは、言語活動を従来の4技能に分けて考えていません。一人の人間の言語使用は「話す」「読む」といった一つの技能だけでは成り立たず、さまざまな技能を使ってさまざまな場面に対処するという考え方です。例えば、買い物をするためには、買いたい物の名前を読み、必要な場合には店員に質問し、店員の答えを理解するといった総合的な能力が必要です。2024年版ACTFLガイドラインは、そのような総合的な言語使用を考慮し、それまで見過ごされていた言語使用の「形態」にも注目していると言えるでしょう。

❷「2024年版ACTFLガイドライン（話す能力[注1]）とは

　この節では、2024年版ACTFLガイドライン（話す能力）の根底にある評価の基準を細かく解説します。また、2024年版ガイドラインの正しい理解のために、例をあげて基準の包括的な適用とは何かを示します。

2.1　評価の基準

　前述のように2024年版ACTFLガイドラインは、初級から卓越級までのレベルを定めています（卓越級は非常に高いレベルであり一般の語学教育では扱わないレベルであることから、本書では初級から超級

注1　ACTFLガイドラインには4技能に関する記述がありますが、本書は話す能力を中心としているため、ここではガイドラインの話す能力に限って述べています。

までのプロフィシェンシーに言及しています)。前述のように各レベルは「言語を使って何ができるか」という観点から定められていますが、評価の際には「機能・総合タスク」「場面・内容」「正確さ・理解難易度」「テキストタイプ」の4つのカテゴリーが考慮されます。初級から超級までのカテゴリーごとの記述は次ページの表3の通りです。(2024年版ACTFLガイドラインには基準の表がありませんので、ここでは2012年版を引用します)

表3の各カテゴリーの焦点については次の通りです。

(1)「機能・総合タスク」
「自分で言いたいことが表現できる」「ナレーション、描写ができる」「裏づけを提示しつつ意見が言える」等、どのような言語活動ができるかを表しています。

(2)「場面・内容」
「日常生活」「フォーマルな場面」等、どのような状況に対応でき、どのような話題(「生活に最低限必要な話題」「社会問題」等)について話せるかを表しています。

(3)「正確さ・理解難易度」
「正確さ」とは文法の正確さだけを指すのではなく、「誰に理解され得るか」ということも基準としています。例えば、「非母語話者と話すのに慣れている人に理解される」「非母語話者と話すのに不慣れな人にも理解される」等の基準です。

(4)「テキストタイプ」
発話の中で、「単語」「文」「段落」等、どのような「まとまり」を作って話せるかを表しています。

あるレベルに到達するには4つのカテゴリーの基準をすべて満たしている必要があります。例えば、超級レベルの「機能・総合タスク」「場面・内容」「テキストタイプ」は満たしているが「正確さ・理解難易度」は超級に到達していない場合は、超級とは判定されないということになります。このように4つの基準をもとに包括的に言語レベルを捉えることがACTFLガイドラインの特徴です。

2.2　各レベルの能力

ここでは2024年版ACTFLガイドラインの各主要レベルの記述を示し、上述の4つの基準に言及しつつ各レベルの能力がどんなものであるかを具体的に示します。

表3　OPIアセスメントの基準

プロフィシェンシーレベル	機能・総合タスク	場面・内容
超級	身近な話題不慣れな話題について話し、意見を弁護し、仮説を打ち立てる	ほとんどのインフォーマル、フォーマルな場面。／一般の関心事に関連した話題と特定の興味や知識に関する分野の話題といった幅広い範囲
上級	主要時制枠において、ナレーションと描写ができ、不測の事態をはらんだ日常的な状況や取引に効果的に対応できる	ほとんどのインフォーマルな場面とフォーマルな場面の一部／個人に関連した、または一般的な話題
中級	言語を使って自分の伝えたいことを作り出す、簡単な質問に答えたり、質問をすることができる、単純な場面や取引状況に対応できる	いくつかのインフォーマルな場面と限られた数の取引の場面／予測可能な、日常生活や個人の生活環境に関連した話題
初級	決まった語句や暗記した発話で、必要最小限のコミュニケーションができる。単語、語句、リストなどを産出する	もっとも頻繁に起こるインフォーマルな場面／日常生活のもっともありふれた内容

(ACTFL, 2012b, p.6)

正確さ・理解難易度	テキストタイプ
基本文法に間違いのパターンがない。間違いがあっても、聞き手は、メッセージから注意をそらされるなどコミュニケーションに支障をきたすことはない	複段落
非母語話者に不慣れな話し相手でも問題なく理解してもらえる	口頭段落・つながりのある談話
非母語話者に慣れた話し相手に、時に繰り返したりすることはあるが、理解してもらえる	ばらばらの文・つながった文
非母語話者に慣れた話し相手にも、しばしば理解するのが困難な場合がある	個々の単語、語句、リスト（列挙）

2.2.1　初級：習ったものに頼りきっているレベル

2024年版ACTFLガイドラインの初級レベルの記述は次の通りです。

> 初級の話者は、自分に直接関連する、かなり予測できる日常的な話題について短いことがらを伝えることができる。このレベルの話者は、主に、それまでに経験したり暗記したり思い出せる個別の単語や語句を用いて言いたいことを伝えることができる。初級レベルの話者は、非母語話者の発話に慣れている非常に好意的な話し相手にさえも理解してもらうのに困難を伴うことがある。

(ACTFL, 2024)

例えば、OPIにおける次のような会話を考えてみましょう。

テスター　：　Aさんの家はどこですか。
　　　A　：　シカゴです。
テスター　：　そうですか。よくシカゴに帰りますか。
　　　A　：　帰ります？　シカゴ？　いいえ。
テスター　：　そうですか。じゃあ、Aさんの趣味は何ですか。
　　　A　：　趣味？　趣味、わかりません。
テスター　：　何をするのが好きですか。
　　　A　：　あー、寿司、好きです。天ぷら、好きです。
テスター　：　そうですか。じゃあ、週末はよく何をしますか。
　　　A　：　友だちとゲームをします。
テスター　：　そうですか。それから？
　　　A　：　……。
テスター　：　あ、いいですよ。じゃあ、アルバイトがありますか。
　　　A　：　アルバイトをします。
テスター　：　あ、そうですか。どんなアルバイトですか。
　　　A　：　はい、アルバイトです。
テスター　：　そうですか。アルバイトで何をしますか。
　　　A　：　コンピューター、コンピューター、です。
＊＊＊＊＊＊
テスター　：　Aさんの家はどんな家ですか。
　　　A　：　大きい家です。

テスター ： そうですか、それから？
A ： ……。
テスター ： じゃあ、家には誰が住んでいますか。
A ： はい、住んでいます。

　この会話の中で顕著なのは、Aさんはテスターの質問をおうむ返しすることが多いということです。例えば、疑問詞付きの質問にも、そのまま「はい、アルバイトです」「はい、住んでいます」と答えています。つまり、質問を理解した場合もそうでない場合もテスターの質問、発話の一部がほぼそのまま繰り返されているということです。また、「何をするのが好きですか」という質問に対して「寿司、好きです」と答えています。これは、「好きです」というフレーズを習った際に練習したであろう「寿司が好きです」という「文型」をそのまま発話しているのです。その結果、質問の意図とは違った答えをする結果になっています。また、「週末はよく何をしますか」という質問には「友だちとゲームをします」と答えられましたが、「それから？」と、そのほかの活動を尋ねられても答えられていません。つまり、「友だちとゲームをします」という「暗記している」文は産出できるのですが、「します」という動詞を使ってほかの活動について話せるレベルに到達していないのです。また、アルバイトについて聞かれたとき、「コンピューター」という単語しか産出できていません。習った単語は発話できるのですが、自分が言いたいことは、文レベルで表現できるレベルには到達していません。
　このように2024年版ACTFLガイドラインに照らしてみると、Aさんは、「日常的な話題」（「場面・内容」）に関して「覚えたり、練習したりした単語、フレーズ、簡単な文を使ってコミュニケーションしている」（「機能・総合タスク」）ということになります。「テキストタイプ」は、このサンプルに限って言えば、文レベルに近いです。しかし、発話された文は暗記したものですから、総合的に判断するとこのサンプルのAさんのレベルは初級ということになります。また、実際のOPIでは発音等も含めて誰に理解され得るか（「正確さ・理解難易度」）という点も考慮されます。

2.2.2　中級：知っているものが応用できる（サバイバルレベル）

中級の記述は次の通りです。

> 中級レベルの話者は、創造的に言語を使用する能力を有している。すなわち、習ったり覚えたりした項目を組み合わせて簡単な状況に対処することができる。また、身近な話題についての会話に参加し、簡単な質問をし、簡単な質問に答え、生活に必要な最低限の状況に対処する能力も有している。孤立した文、短い文の羅列などの「文レベル」の発話ができ、簡単な質問もすることができる。加えて、中級レベルの話者は、限られた高頻度の語彙を使うことができる。話者の母語または学習したほかの言語の発音、アクセント、イントネーション、および（声調言語における）声調パターンの影響を受ける可能性がある。しかし、それらによって生じるコミュニケーションの行き違いを認識し、修復することができる。

（ACTFL, 2024）

　初級の話者の発話が覚えたフレーズを産出することに限られているのに対し、中級レベルでは習ったものを組み替えて日常生活に関連した話題について自分の言いたいことが表現できます。日常生活を送るのに必要なプロフィシェンシーですから、中級は「サバイバルレベル」とも呼ばれます。

　次に実際の中級の発話を考えてみましょう。

テスター　：　どこでハイキングしたんですか。
　　　Ｂ　：　いつも高山（たかやま）でハイキングしました。人々が優しいと自然が多いです。
テスター　：　今は？
　　　Ｂ　：　時間があまりないので、ぜんぜんしません。ですけど、したいです。でも、来年に行くつもりです。日本でハイキングする予定です。
テスター　：　そうですか。楽しみですね。どうしてハイキングが好きなんですか。
　　　Ｂ　：　自然が好き。それだけじゃなくて、彼女もハイキングが好きです。
テスター　：　あ、そうですか。

```
B    ： そうです。行くときはいつも一緒に行きます。田中さんは日本
        でハイキングしたことがありますか。
テスター： はい、ありますよ。
```

　このサンプルの中でのBさんは、日常生活に関連した話題について問題なくテスターとやりとりしています（「場面・内容」）。また、Bさんの発話は覚えたものにとどまらず、自分が知っている文法、単語、フレーズを組み替えて言いたいことを文レベルで表現しています（「機能・総合タスク」「テキストタイプ」）。例えば、今もハイキングをするかという質問に対して、「時間があまりないので、ぜんぜんしません。ですけど、したいです。でも、来年に行くつもりです。日本でハイキングする予定です」と答えています。ここでは、単におうむ返し的に質問に答えるのではなく、「自分が言いたいことを作り出す」という能力が見られます。どうしてハイキングが好きかという質問に対する答えも同じです。覚えたフレーズをそのまま言っているのではなく、「自然が好き。それだけじゃなくて、彼女もハイキングが好きです」と自分が言いたい情報が文レベルで伝えられています。また、高山（たかやま）に関して「人々が優しいと自然が多いです」という情報を付け加えています。この文は文法の間違いはあるのですが、「非母語話者の発話に慣れている人」（「正確さ・理解難易度」）には問題なく理解されます。Bさんの発話全体を考えてもこの「正確さ・理解難易度」は保たれていると言えるでしょう。

　また、この会話の中でBさんは会話の流れの中から関連した質問をテスターにすることによってスムーズに会話を運んでいます。このような「簡単な質問をする」能力も中級レベルに必要な能力です（「機能・総合タスク」）。

　このように包括的に基準を当てはめてみると、このサンプルの中でBさんは中級レベルを維持していると言えます。

2.2.3　上級：聞き手にいかに内容をわからせるか

上級の記述は次の通りです。

> 上級レベルの話者は、日常会話や日常的な仕事関連のコミュニケーションに参加し、地域社会、国内、国際的な社会問題について話すことができる。その際、過去・現在・未来時制を使い、ナレーションや描写によって具体的に内容を伝えられる。このレベルの話者は、事実を報告したり、簡単な提言をしたり、直接的な説明、指示、ナレーションを提供し、議論の中で見解を表明し、予測不可能な社会状況に対処することができる。上級話者は、順序立てたり、まとまりを持たせるために文を結びつけたりして段落レベルで話す発話能力と語彙の幅広さを有している。母語、学習したほかの言語のアクセント、イントネーション、声調 (声調言語)の影響が顕著に見られることがあるが、コミュニケーションに支障をきたすことはほとんどない。上級レベルの話者は、主要な歴史的または文化的事項に言及でき、文化的および社会的規範もある程度理解している。さらに、気分、感情をことばで伝えることができる場合もある。

(ACTFL, 2024)

上級の能力とはどんな能力かを考えるにあたり、次ページのOPIの例を考えてみましょう。

Cさんの発話の特徴は、「内容を聞き手にわかりやすく伝えようとする意図」「話をどのように進めようかという計画性」が見られるということです。例えば、Cさんは、いきなり物語の内容について話しはじめるのではなく、まずアニメの情報、自分とアニメの関係等のバックグラウンドを示しています。この情報は聞き手を話に引き込むために有効です。また、「SF的である」ことを前置きしておくことにより聞き手を「巨人」という内容にスムーズに導いていっています。

また、文と文との結束性を高めるためのさまざまな要素も確認できます。まず、「それで」「けど」「で」等の接続表現の使用があげられます。Cさんの場合、特に「で」という口語的接続詞を多用することによって、発話が「文の羅列」にならないようにしていることが特徴的です。また、壁の存在について話したあと、その理由を「なぜそういう高い壁はで

テスター	：	さっき、アニメが好きでよく見ると言いましたね。例えばどんなアニメですか。
C	：	「進撃の巨人」っていうアニメです。
テスター	：	じゃあ、そのアニメのストーリーはどんなストーリーか私によくわかるように教えてください。
C	：	はい。それは、あの、4年ぐらいすごく人気があるアニメで、今も続いています。SFと歴史が、あの、ごちゃごちゃになったみたいな内容かな。はじめは、すごく人気があるから、僕も、あの、ちょっと見てみようかなと思って見たんですけど、あの、何ていうか、ハマりました。そのアニメの世界の中に人類はあの、ええと、高い壁に囲まれている町に住んでいます。その一つの町しかありません。で、なぜそういう高い壁はできているかというと、壁の外に、あの、巨人が住んでいるためです。で、その巨人は人を、あの、ま、人を食べるんです。で、ええと、あの、アニメのええと最初のところに、その巨人がその壁を突破して、その、侵入してきます。それで、あの、壁の中の人間を食べてしまうんですけど、巨人に対して戦う人間の兵団もあります。で、兵団は色々な手段で、あの、巨人と戦います。その兵団と巨人の戦いが、あの、アニメの中心です。どうやって、巨人を迎撃できるか。どうやって、あの、その町を取り戻すこと、あの、できるか。というアニメです。

きているかというと」というフレーズを使って前に話した内容と関連させつつ話を進めています（同じ例は兵団についての文にも見られます）。そのほかに、「その巨人」「そういう高い壁」といった指示詞が効果的に用いられ、前の文の内容と結びつけることにより、文と文の結束性を高めていることがわかります。最後に、Cさんの発話は、筋を順に追うだけではなく、「このようなアニメである」という結びがあります。言い換えれば、話の終着点が明確に示されているということです。

　上記のようにCさんは、さまざまな要素を用いて、まとまりのある内容を伝えています。話すときは文章を書くのと違い、推敲できないので、文法、語彙の粗さも認められますし、回りくどい表現があったりもします。しかし、つながりのない文を立て続けに作っているので

はなく、聞き手が内容を全体的に把握できるように話を進めています。このような発話が上級の「口頭段落」です。

Ｃさんの発話は、このように聞き手を意識したナレーションと描写の融合の口頭段落であり（「機能・総合タスク」「テキストタイプ」）、内容も日常生活を離れた内容（「場面・内容」）となっています。また、文法の間違いはありますが、非母語話者に不慣れな聞き手を混乱させることはありません（「正確さ・理解難易度」）。このように総合的に判断すると、このサンプルのＣさんの発話は上級レベルを維持していると言えます。

また、Ｃさんの例には表れていませんが、上級の話者は「不測の事態」に対処できなければいけません。不測の事態とは、「旅行先で気分が悪くなり電話で病院に予約を取る」「友人に借りたものを壊してしまった」などがあげられます。「旅行先で気分が悪くなった」という例では、「旅行者であること」「症状についての細かい説明」「診察の依頼」などを盛り込んで総合的に状況を伝えなければなりません。つまり、不測の事態の対処能力においても「口頭段落」で内容を伝える能力が必要とされるということです。口頭段落を作る能力、つまり聞き手にまとまった内容を伝えるスキルが上級の能力の基盤をなしていると言えるでしょう。

2.2.4　超級：「論じる」ことができるレベル

超級の記述は次の通りです。

> 超級レベルの話者は正確かつ流暢にコミュニケーションを取る能力を有している。フォーマル、インフォーマルに話すことができ、具体的、抽象的なさまざまな話題に関する会話に効果的に参加することができる。また、自分の興味や得意分野について議論し、複雑な問題を詳細に説明し、筋の通った話をすることができる。その際には、容易に流暢に正確に話せる能力が観察される。また、関心のある問題について自分の意見を述べ、擁護し、仮説を立て、予期せぬ状況を解決し、社会問題について議論することができる。
>
> 超級レベルの話者は、抽象的な話題に関して議論をするときも、自分の主張を表現するためによどみのない長い談話を用いて話すことがで

きる。また、明確な関係を持つまとまりのある発話を産出でき、直喩や比喩などの修辞的な手段も用いられる。加えて、さまざまな対話および談話ストラテジーを使うこともできる。例えば、効果的に話に参加したり、文法、語彙、修辞技法を用いて、主要な点と補助情報を分けたりすることである。

超級の話者は、基本文法の使用においてパターン化した間違いをしないが、低頻度の文法や複雑な構造の文法では単発的に間違うこともある。しかし、このような間違いが発生しても、コミュニケーションの妨げになることはない。

(ACTFL, 2024)

実際の超級の例を見てみましょう。

テスター : 脂っこいものは体に悪いということで、政府が国民の健康を考えて脂っこいものの消費を抑えるためにキャンペーンなどを実施するということについてどう思いますか。

D : ま、反対はしないです。ただし、国文化を考えますと、それは、賛成しようがないんですね。なぜと言いますとやはり国、国、世の中、結構ええと、いろいろなええと国があって、長年ええと蓄積してきたその歴史がありますので、それを変えるということは難しいかと思いますね。その歴史というものは例えば、あの、伝統料理に現れていますね。韓国の人であれば焼肉、ヨーロッパの人であればいろいろな肉料理、中国は油をたくさん使った料理とかですね。そういう料理はその国の文化、宗教、人々の好みを長い間反映してできたわけです。偶然にも、ま、偶然じゃないかもしれませんけど、あの、こういう料理は脂っこいものが多いんです。それで、そういう物を食べないようにしようということは、文化を捨てようということになりますよね。捨てるは言いすぎかもしれませんけど、文化を変えるというのはまず難しいと思いますね。どこでも、そういう今までの歴史習慣がありますね。それは崩れないです。崩れない限り、ええ、ええと、政府が働きかけても効果はまずないと思いますね。

Dさんの発話にはさまざまな超級の要素が見られます。まず、Dさんの意見は単に賛成、反対を述べているにとどまらず、食文化という抽

象的な概念に言及しつつ論じていることがあげられます（「機能・総合タスク」）。その際、さまざまな国における例という裏づけの部分を提示し、それが普遍的であることを述べ、「政府のキャンペーンは効果的ではない」という主要論点を強く述べるというストラテジーも見られます。このようにDさんの発話は、一つのまとまりのある段落のみではなく、複数の段落を効果的に用いて論点を示しています。これが「複段落」と呼ばれる「まとまり」です（「テキストタイプ」）。

また、Dさんは、テスターが提示した内容に合わせて洗練された語彙、言い回しを使っています。「蓄積する」「やはり」「効果がない」「と言いますと」「限り」等がその例です。このように「議論モード」に合わせてフォーマルな言い方ができることも超級の特徴です（「場面・内容」）。

Dさんの発話の中には「国文化」「賛成しようがない」等、文法、語彙の間違いも見られます。しかし、そのような間違いはあっても、聞き手はDさんの論理をすんなり理解できますし、間違って理解することもありません（「正確さ・理解難易度」）。このように文法、語彙の間違いによって母語話者に誤解を招かないことも超級の要素の一つです。

以上のように総合的に判断するとこのサンプルのDさんの意見の叙述は超級レベルの基準を満たしていると言えます。

❸ 2024年版ACTFLガイドラインの正しい理解

前述のようにレベル判定の際、4つの基準はすべて考慮されなければなりません。目立った現象に注目しすぎてしまうと、正しいレベル判定がなされないという状況が生じてしまうことがあります。また、各基準は単独ではなく、お互いに関連させて理解するべきものです。ここでは、特に多い2024年版ACTFLガイドラインの誤読、間違った理解を示し、正しい理解への糧としたいと思います。

3.1 初級／中級

初級、中級を考える上で、よく初級は「単語レベル」、中級は「文レベル」と理解されがちです。確かに「テキストタイプ」のみを見た場合、

2つのレベルの違いは「単語」と「文」ですが、それらはほかの基準と関係づけて評価する必要があることを忘れるべきではありません。中級の「機能・総合タスク」は「自分の言いたいことを作り出す」ことですから、中級レベルの話者が発話する文は自分で作り出した文でなければなりません。どんなに長い文を発話したとしてもそれが丸暗記したものばかりであったら、中級レベルとは見なされません。また、質問者の質問の一部だけを置き換えて答えている場合も同じです。例えば、「何時間ぐらい勉強しますか」という問いに「3時間ぐらい勉強します」「どこで勉強しますか」に対して「図書館で勉強します」といった答えです。これらの「closed questions: 閉鎖型質問」（単語の置き換えによって答えられる質問）に答えられるだけでは中級の「文レベル」の発話ができているとは言えません。中級レベルは「open-ended questions: 解放型質問」（オープンエンドな質問）に対して「自分が言いたいこと」が言えるレベルです。例えば「お姉さんはどんな人ですか」という問いに中級の話者は「24歳です。大学院の学生です。姉はヒップホップ音楽を聞くのが大好きです。今、ニューヨークのアパートに住んでいます」などのように答えられます。つまり、自分が知っている文法、語彙等を使って自分が伝えたい情報を文レベルで伝えられるということです。

3.2　中級／上級

上級の「機能・総合タスク」は「ナレーションと描写」ができることです。しかし、この基準は「場面・内容」「正確さ・理解難易度」「テキストタイプ」と総合して判断されるべきで、ただ内容が伝わっただけでは上級レベルであるとは言えません。

上級のナレーション、描写は話者の話の全体を伝えようとする意図が見えるものです。前置き、背景の情報等を効果的に提示し、話の中心を際立たせる工夫が観察できるのが特徴です。また、高い結束性で文が結びつき（口頭段落）、詳細にわたってナレーション、描写、両者の融合した発話等ができなくてはいけません。

流暢さがあり、ぺらぺら多く話せる話者の場合、評価には注意が必要です。例えば、次のような例を考えてみましょう。

E：清水寺に行きました。友だちと行きました。去年の夏に、日本に行ったときに行きました。その日はとても暑かったですけど、人がとてもたくさんいました。清水寺は大きくて、高くて、とても古いお寺です。庭も大きいです。庭を歩きました。静かでよかったです。友だちと写真をたくさん撮りました。私たちは日本の高校生と話しました。高校生は私の日本語は上手と言いました。うれしかったです。

　流暢にこのような発話をした場合、文の多さとトピックの数と流暢さに気をとられ、上級の発話ではないかと思ってしまいがちです。しかし、文と文との結びつきを考えてみると結束性は希薄であることがわかります。「庭も大きいです。庭を歩きました。静かでよかったです。友だちと写真をたくさん撮りました」という文は庭のことを話しているという共通点はありますが、指示詞、接続表現、主語等が効果的に用いられていないため、内容にまとまりがありません。また、そのあとの「私たちは日本の高校生と話しました」という部分は前の部分とどのように結びついているか示されていなので、唐突な感じを与えます。また、前置き、バックグラウンドの情報がなく、ただ清水寺に関して言えることを列挙しているだけなので、話の焦点もはっきりしません。

　言い換えると、この発話は文の数、情報量は多いのですが、口頭段落として成り立っていないのです。つまり、「文の羅列」（中級レベル）であると言えます。また個々の情報も「大きい」「古い」「静か」といった浅い内容にとどまっています。上級の「ナレーション、描写」は聞き手に内容、情景等が「頭に浮かぶように」伝えられなければいけません。この発話は内容の深さにおいても上級に達していないと言えるでしょう。

　以上のように上級のナレーション、描写は発話の量だけではなく、質にも注意を向けて判定する必要があります。

3.3　超級

　超級において必要とされる「機能・総合タスク」は「意見の叙述」と「仮定」です。しかし、これらの機能も単独で評価されるのではなく、「場

面・内容」「テキストタイプ」と総合して考慮されるべきものです。

　超級における話題は「抽象概念」を含むものです。例えば、「禁煙場所を拡大することは喫煙者の権利を奪うことか」という問いに関するある話者の答えを考えましょう。

F：私は、禁煙場所が増えるのはいいと思います。煙草は体に悪いということがわかっていますから、煙草が吸えないのは仕方ないと思います。今、日本では喫煙席と禁煙席が分かれているレストランや喫茶店が増えていますが、禁煙席にも煙が少しは流れてきます。煙草を吸える席と吸えない席がつながっていますから。私は煙草の煙がとても嫌いなので、そういうレストランでは食事をしません。子どもがいる場合もこういうレストランはよくありません。公共の場所は禁煙にするか、喫煙者の席から煙が漏れないようにするべきだと思います。

　この発話において、もっとも顕著な点はこの話者が「禁煙者の権利」という話題を「抽象レベルで」論じていないということです。「煙草が吸えないのは仕方ない」と述べていますが、この点を「権利」「義務」のような抽象的概念に言及しては論じていません。

　超級に達していない話者はともすれば、自分が話すことができるレベル（上級）に発話のレベルがとどまってしまう傾向にあります。超級の発話は具体的な例（上級レベル）を示しつつ、抽象概念に関して論じる（超級レベル）ことができますが、超級に達していない場合、具体的な例の提示のあと、超級の抽象概念を含む発話に展開できないということです。上の例にもそれが見られます。日本の実情を述べてはいるのですが（上級）、その例を使って、肝心の「喫煙者の権利が制限されるのは仕方ない」という意見の根拠が論じられていません。つまり、発話が上級の「叙述」にとどまってしまっているのです。また、根拠を「論じる」ことができていないことにともなって、この発話の中には超級の「フォーマルな」洗練された言い回し等も見られません。これらの点から、この発話は超級の発話ではないということになります。

　「意見を述べる」ことはさまざまなレベルにおいて可能です。「Aのほうがいいと思います」のようなものは中級レベルでも述べられますし、

上級話者は、自分が好ましいと思う状況を具体的に提示できます。しかし、超級の「意見の叙述」は、上記のような点を考慮して判定しなければならないということを忘れるべきではありません。

超級における「仮定」も同じです。「日本に行ったら京都に行きたいです」という発話は仮定を含んでいますが、中級の発話です。また、上級話者は、「私が校長だったら、学校をよくするためにA、B、Cのようなことをする」のように具体例を提示することができます。しかし、超級で求められる「仮説」は、意見の叙述と同じように抽象概念に関する発話でなければなりません。例えば、「ネット上の実名公表が義務化されたら、それはどのように影響を及ぼすか」という仮定に関して論じる能力が超級の能力です。(詳細は「超級をめざして―何ができるようになることが必要か―」の章を参照してください。)

❹ 2024年版ACTFLガイドラインの応用

Educational Testing Service (ETS) によると、日本語 (Group IV言語) の学習者が一定のプロフィシェンシーレベルに達するための学習時間は、平均16週 (480時間) で中級−下、24週間 (720時間) で中級−中／−上、44週間 (1,320時間) で上級−下、80-92週間 (2,400-2,760時間) で超級とされています (Liskin-Gasparro, 1984)。しかし、ただやみくもに語彙、文法等を学習するだけでは、このような上達は期待できません。上達するためには2024年版ACTFLガイドラインをもとにした系統立った学習、練習が必要です。

一方、教育者の立場から見たときはカリキュラム作成、教案作成において2024年版ACTFLガイドラインが活用できます。「機能・総合タスク」「場面・内容」「正確さ・理解難易度」「テキストタイプ」を考慮することで上のレベルのプロフィシェンシーに学習者を効果的に導くことが可能となります。次の章では、プロフィシェンシーをもとにした指導 (Proficiency-Based Instruction) とはどのようなものであるかを紹介し、それに続く各章では中級、上級、超級をめざすためには何が必要かを具体的に提示します。また、現場の教育者が応用しやすいように、実際の授業案も紹介されています。このように各レベルの詳

細にわたる説明、具体的な応用例を示すことにより、読者のACTFLプロフィシェンシーガイドラインの理解、効果的な授業案作成のための一助となることが本書の目的です。

参考文献

American Council on the Teaching of Foreign Languages. (1982). *ACTFL provisional proficiency guidelines*. Yonkers, NY: ACTFL.

American Council on the Teaching of Foreign Languages. (1986). *ACTFL provisional proficiency guidelines*. [Electronic Version]. Retrieved on February 17, 2016, from http://www.actfl.org/sites/default/files/pdfs/public/ACTFLProficiencyGuidelines1986.pdf

American Council on the Teaching of Foreign Languages. (1999). *Standards for foreign language learning: Preparing for the 21th century*. [Electronic version]. Retrieved on January 17, 2016, from http://www.actfl.org/sites/default/files/pdfs/public/StandardsforFLLexecsumm_rev.pdf

American Council on the Teaching of Foreign Languages. (2012a). *ACTFL OPI familiarization manual*. Alexandria, Virginia: ACTFL.

American Council on the Teaching of Foreign Languages. (2012b). *ACTFL proficiency guidelines 2012*. Alexandria, Virginia: ACTFL.

American Council on the Teaching of Foreign Languages. (2024). *ACTFL proficiency guidelines 2024*. Alexandria, Virginia: ACTFL.

Liskin-Gasparro, J. E. (2003). The ACTFL proficiency guidelines and the oral proficiency interview: A brief history and analysis of their survival. *Foreign Language Annals, 36* (4), 483-490.

2 プロフィシェンシーに基づいた指導法：PBI

渡辺素和子

❶ PBIとは

　プロフィシェンシーに基づいた指導法（Proficiency-Based Instruction、以下PBI）とは、2024年版ACTFLガイドラインを指針として、学習者のニーズに応じてさまざまなメソッドやテクニックを採用して、目標とする運用能力の習得をめざす指導法です。ここでキーワードとしておさえておきたいのは、「プロフィシェンシー」と「ACTFLガイドライン」です。以下では、まずプロフィシェンシーとは何かを説明して、それから、2024年版ACTFLガイドラインに定められた基準がどのような意味を持つのか説明します。

1.1　プロフィシェンシー

　PBIは、2024年版ACTFLガイドラインをもとにして、学習者が言語を運用できるように指導していくアプローチです。では、言語運用能力、すなわち、プロフィシェンシーとは何でしょうか。

　OPI（Oral Proficiency Interview）テスタートレーニングワークショップでは、プロフィシェンシーに関して以下のような定義が提示されます。

> プロフィシェンシーとは、あらゆる状況において、なじみのあるトピックとそうでないトピック、および以前に遭遇したことのあるコンテクストとそうでないコンテクストに関して言語を使って表す際の言語使用者の能力を指す。どこで、いつ、どのように言語を習得したかに関係なく、言語を使って何ができるかという能力である。

（ACTFL, 2024）

　ここで重要なのは、2点です。第1点目は、どれだけ外国語を知っているかという知識だけではなく、使える能力であることです。2点目は、

あらゆる状況のやりとりで言語を使うことが想定されていることです。
　PBIとは、上記のプロフィシェンシーの定義をもとに、会話、交渉、説明などの発話行為を行う能力を習得することを目的とした指導法だと言えます。
　次の項では、PBIのベースとなる基準に基づいた教育理論の枠組みを説明します。

1.2　評価の基準に基づいた教育理論

　評価の基準に基づいた教育理論は、内容、パフォーマンス、そして、評価方法の3つの柱で構築されています。この3つの柱を理解することで、2024年版ACTFLガイドラインと評価法（OPIやWPT：Writing Proficiency Testなど）、そして、指導方法との関係が明らかになります。

　評価の基準に基づいた教育理論は、1990年代にアメリカの教育界で起こった変革がきっかけで提唱されました。それまでは、シートタイム（履修時間）といって、一定の時間、授業に出ていれば、義務教育である高校を卒業することが可能でした。そのような骨抜きの教育に歯止めをかけるため、一定の基準を設けて、それを満たしたかどうかをきちんとチェックしようという動きが生じたわけです。この教育理論は、<u>何ができるようになればいいか、どれくらいできるようになればいいか</u>を明示し、できることを証明する評価方法で本当に学んだかを確認しようというものです。英語、算数、社会など各教科に評価の基準を設けるプロジェクトが全米のさまざまなところで始められました。外国語の場合は、幸いにも、1980年代前半に「ACTFL暫定ガイドライン（ACTFL, 1982）」が、すでにできていたので、現場のニーズに合わせACTFLの基準を調整して使うという州や学校地区も多く見られ、プロフィシェンシーについてのワークショップもさかんに行われました。

1.3　3つの評価基準の柱

評価の基準に基づく教育の提唱者たちは、その成功の鍵を握るのは、以下の3つの柱だと指摘しています。

① 内容：何を知っていなければならないか・何ができるようにならなければならないかが規定されていること
② パフォーマンス：内容について、どの程度できていなければならないかが規定されていること
③ 評価方法：内容とパフォーマンスを確かめる方法が規定されていること

(Resnick & Nolan, 1995)

①の「内容」には、知識だけではなく、得た知識を使ってなんらかの操作や作業をするといったタスクが含まれます。例えば、算数であれば、たし算という概念を知っているだけでなく、いろいろな数のたし算ができるようにならなければなりません。それに加えて、たし算の概念を、日常生活に応用することもできなくてはいけません。「ケンタ君のお父さんがケーキを3つ買ってきました。ところが、そのあとお客さんが、6つのケーキをお土産に持って来てくれました」という状況で、うちにあるケーキの数を聞かれた場合、「9つのケーキがある」と答えられれば、たし算という操作ができると判断できるわけです。

②の「パフォーマンス」は、「内容」で規定された知識や作業がどの程度できているべきか、どの程度できていれば合格と見なされるのかを規定するものです。算数の計算の場合、5分間で10問のうち7割以上正しく計算できていれば合格とするといったものが一つの例です。学校の科目以外に、私たちの生活の中でもレストランやホテルのランキングや食べ物のおいしさの基準などさまざまな面でパフォーマンス評価の基準が使われています。レストランのシェフがおいしい料理が作れたとしても、一つの注文に1時間もかかったり、日によって味にムラがあったりすれば、客足が減るでしょう。また、人命に関わる仕事、例えば医師やパイロットなども、知識のみならず、実地訓練を受け、実施試験に合格したあとも合格基準を維持することが期待されて

います。

　3本柱の最後は、「内容」と「パフォーマンス」が満たされているかどうかを見極める評価法、つまりアセスメントです。最も一般的な例は「テスト」でしょう。テストという評価方法を使用することにより、「内容」で定められた知識や作業がどの程度定着（パフォーマンス）しているかが明らかになります。

　さて、この3本の評価基準の柱は2024年版ACTFLガイドラインにどのように呼応するでしょうか。ここで2024年版ACTFLガイドラインに記述された基準を概観してみましょう。

　「機能・総合タスク」は、何ができるかを初級レベルから超級レベルまで規定していて、「場面・内容」は、何について話せるかを規定しています。つまり、「機能・総合タスク」と「場面・内容」は評価基準の3本柱のうちの「内容」に相当します。そして、「正確さ・理解難易度」「テキストタイプ」は、どの程度できるようにならなければいけないかを規定するもので、「パフォーマンス」に相当します。最後の「評価方法」は、2024年版ACTFLガイドラインに沿ったOral Proficiency Interview（OPI）だと言えるでしょう。これらのアセスメントの判定基準に関しては、テスターと判定官がトレーニングを受けることによって、一定の信頼性が保持されています。教室現場の教師全員がテスターでなくても、ACTFLは、言語運用基準の入門ワークショップやOPIのワークショップを実施したり、ウェブサイトでACTFLガイドラインと各レベルのサンプルを公開したりしています。それらを通して、初級から超級までの各レベルのでき具合を確認したり理解したりすることができます。

　2024年版ACTFLガイドラインをもとにしたPBIは教科書を「カバーした」という指導ではなく、言語を使う能力の開発を真の意味でめざしていると言えるでしょう。

❷ プロフィシェンシーを伸ばすための注意点

この節では、PBIにおける文法の役割、暗記・ドリルの位置づけ、そして、非同族言語を学ぶ際の配慮について詳述します。

2.1 文法の役割

PBIでは、文法は「2024年版ACTFLガイドラインの基準における『機

表1　OPIアセスメントの基準

プロフィシェンシーレベル	機能・総合タスク	場面・内容
超級	身近な話題不慣れな話題について話し、意見を弁護し、仮説を打ち立てる	ほとんどのインフォーマル、フォーマルな場面。／一般の関心事に関連した話題と特定の興味や知識に関する分野の話題といった幅広い範囲
上級	主要時制枠において、ナレーションと描写ができ、不測の事態をはらんだ日常的な状況や取引に効果的に対応できる	ほとんどのインフォーマルな場面とフォーマルな場面の一部／個人に関連した、または一般的な話題
中級	言語を使って自分の伝えたいことを作り出す、簡単な質問に答えたり、質問をすることができる、単純な場面や取引状況に対応できる	いくつかのインフォーマルな場面と限られた数の取引の場面／予測可能な、日常生活や個人の生活環境に関連した話題
初級	決まった語句や暗記した発話で、必要最少限のコミュニケーションができる。単語、語句、リストなどを産出する	もっとも頻繁に起こるインフォーマルな場面／日常生活のもっともありふれた内容

能・総合タスク』の遂行を支えるものである」と捉えます。文法を基軸とするシラバスでは、文法項目が単純なものから複雑なものへという順番で導入され、その文型を使った会話文やタスクなどが紹介されるといった枠組みでレッスンが構成されます。2024年版ACTFLガイドラインにのっとったPBIでも、初級から中級のはじめの段階で、文型の基礎的なものを導入するというところは共通しています。しかし、PBIで強調されることは、初期段階から、中級レベルの「機能・総合タスク」

正確さ・理解難易度	テキストタイプ
基本文法に間違いのパターンがない。間違いがあっても、聞き手は、メッセージから注意をそらされるなどコミュニケーションに支障をきたすことはない	複段落
非母語話者に不慣れな話し相手でも問題なく理解してもらえる	口頭段落・つながりのある談話
非母語話者に慣れた話し相手に、時に繰り返したりすることはあるが、理解してもらえる	ばらばらの文・つながった文
非母語話者に慣れた話し相手にも、しばしば理解するのが困難な場合がある	個々の単語、語句、リスト（列挙）

(ACTFL, 2012b, p.6)

を遂行するのに必要な語彙と文型を導入して、日常生活で起こるコミュニケーションの練習を始めることです。中級レベルの主な「機能・総合タスク」は創造的に言語を使用する能力、簡単な会話とトランズアクションです。したがって、頻繁に話される身近な話題についての質問と受け答えからなる会話に必要な語彙と文法、そして、必要な情報を得る、予約をするといったようなトランズアクションを行うにあたり必要となる文法項目を導入して練習します。

上級レベルになると、ナレーション、描写、説明、比較、報告、そして不測の事態への対応・少し複雑な状況の説明という「機能・総合タスク」が必要とされます。そのために必要な文型を導入し指導していきます。話題に関しては、本人に関連した身近な話題と一般の人々が関心を持っている話題を対象とするので、日常生活以外にも社会問題やニュースになっている話題を扱うのに必要な語彙も含まれるようになります。このレベルでは、話す内容が、複雑さを増すので、種々の従属節や行為の方向性を示すような使役、受身、やり・もらいなどを使いこなせる必要性が出てきます。また、聞き手を混乱させることなくストーリーを伝える「ナレーション」ができなくてはいけません。そのために、連帯修飾節、引用、推察などの文法項目も使える必要があります。

そして、超級レベルは、裏づけのある意見を述べる、仮定の設定や状況に基づいて推測、推察する、言語的に不慣れな事柄について話すといった「機能・総合タスク」が規定されています。このレベルになると、基礎となる文法はスムーズに使いこなせているはずで、要求されるのは、抽象的なことを話すための語彙や表現、言い換えると、具体的な出来事や物事を評価したり、価値を表したりする表現です。例えば「非効果的」「意味のあること」「大きな被害が出る」「成長できた」「希望を与えられる」といった表現があげられます。

また、超級レベルには「フォーマルな場面」で話す能力も必要とされます。「フォーマルな場面」とは、授業で発表をする、会社でプレゼンテーションをするなどの場面です。上記の抽象的なことを話すための語彙に加え、洗練された語彙（特に漢語）を増やすことも不可欠です。「〜した上で」「〜した際に」といった言い回しや「懸念される」「考慮

する」などの表現がその例です。

　このレベルでは、抽象的な次元で話題を扱うために上記のような語彙、表現を既習文型と組み合わせて言いたいことを構成することが重要です。

　このように、各レベルの「機能・総合タスク」を行うにあたって、どのような語彙や文法表現が必要かを考えていくことによって、語彙・文法が機能タスクの下支えとなっていることがわかります。

2.2　ドリル・暗記―必要、しかし、最終目的地にあらず

　ドリルというと、オーディオリンガル・メソッドを真っ先に想起する人も多いでしょう。オーディオリンガル・メソッドでは、まず音声インプットを聞いてそれを繰り返して暗記したり、語彙や文型を変換したキューとレスポンスからなるドリルをしたりします。例えば、次のような練習です。

《文型》と言っていました
　　教師　：　車を買いました
　　学習者：　田中さんは、車を買ったと言っていました。
　　教師　：　映画が好きです
　　学習者：　田中さんは、映画が好きだと言っていました。
　　教師　：　今週忙しいです。
　　学習者：　田中さんは、今週忙しいと言っていました。

　この練習の目的は「〜と言っていました」という文型の中に動詞、イ形容詞、ナ形容詞などを正しく変換して入れられるようになることです。学習者は「田中さん」という架空の人物、架空の言動について発話することによりこの文法の使い方を「暗記」します。このように、オーディオリンガル・メソッドでは、ドリルがコンテクストなしで行われることが多く、この方法からの脱却を唱える語学教育者も少なくありません。

　ところで、「暗記」ということばを考えてみましょう。日本語では、よく丸暗記と言われるように、「意味を理解せずに覚えること」を意味することが多いかもしれません。丸暗記では、ことばを覚えても意味

がわからないので、コミュニケーションに使えません。しかし、学習というプロセスに、意味を理解した上で記憶に入れる、覚えるというステップは不可欠です。覚えることは必要なのに、オーディオリンガル・メソッドの反動で、覚えること（暗記）を忌み嫌うようになって、「記憶に入れる」「覚える」という作業全般を遠ざけるようになってしまったのではないでしょうか。

　PBIの軸である2024年版ACTFLガイドラインは、表1のように「初級、中級、上級、超級」という4つの主要レベルから成り立っていて、各レベルの「機能・総合タスク」は、言語習得の初期段階からだんだん技能が階層的に上がっていく過程を反映しています。このことをふまえて、暗記（記憶に入れること）やドリルの役割を考えてみましょう。例えば、初級レベルの学習者が中級レベルをめざすときに、はじめは基礎的な語彙（数、時間、日時、物、場所など）を覚えたり、さまざまな文型の練習をしたりすることが必要となります。ある程度の文型が頭に入って、それが長期記憶として定着すれば、文型同士を組み合わせたり、つなげていったりすることで、中級の「習ったり覚えたりした項目を組み合わせて簡単な状況に対処する能力」を伸ばすことができます。どのように練習し、何回使えば定着するかは、人によって違います。書いて覚える、聞いたものを自分で言ってみることで覚える、語呂合わせを作る、絵やイメージを頭に浮かべて覚えるなど、人はさまざまな方法で新しい情報を長期記憶として定着させようとします。PBIで重要なのは、初級レベルの学習者は、「言語を使って自分なりのメッセージを創造する」機会がたくさん与えられ練習できることです。そして、練習中に弱点があれば、それに気づく機会を与えられ、さまざまな方法でその弱点を克服することです。その弱点が、語彙が思い出せないというものであれば、語彙のフラッシュカードを作って覚える、絵カードで覚える、語呂合わせを作る、語彙クイズを受ける、会話パートナーとその語彙を使って話してみるなど、いろいろな方法で定着させることが可能です。教師はそれらの方法を多く提示し、学習者が持つ弱点を克服する手助けができなくてはいけません。

　暗記やドリルは必要かという問いに対する答えは、まず、「意味もわからず音だけを覚えることだけでは効果的ではない」ということでしょ

う。しかし、言語についての新しい情報や材料を長期記憶として定着させて、いつでも使えるような状態にしていくための暗記法やドリルは必要だと言えます。ただし、暗記やドリルができたところで立ち止まってしまってはPBIのめざす地点には到達できません。そういう意味で、暗記やドリルだけができれば満点がとれるような活動で成り立つカリキュラムは、PBIとは言えません。ドリルを、スキャフォールディング（大きな目的のための足場かけ）とみることが重要です。足場のないところに、大きなビルを建てようとしても、資材を上に運べませんし、基礎がもろければ、上に建つビルも崩れてしまいます。

　例えば、「〜てもらえませんか」という文型の練習を考えましょう。

(ステップ1)　文法の説明
　　意味、「〜てもらえませんか」の前の動詞の活用、使い方など
(ステップ2)　この文型で使われる動詞の活用練習
　　教える－教えてもらえませんか
　　書く－書いてもらえませんか
　　漢字を読む－漢字を読んでもらえませんか　など
(ステップ3)　ロールプレイ
　　「あなたは日本語の新聞を読んでいますが、とても難しいです。日本人の友だちに手伝ってくれるように頼んでください。」

例)
　　A：あの、ちょっとすみません。
　　B：はい、何ですか。
　　A：ちょっとお願いがあるんですけど……。
　　B：はい、何でしょうか。
　　A：新聞を読んでいるんですけど、この漢字がわかりません。教えてもらえませんか。
　　B：あ、これは、「けいざい」という漢字ですよ。
　　A：あ、わかりました。ありがとうございます。すみませんけど、新聞の字はちょっと小さいので書いてもらえませんか。
　　B：はい、いいですよ。

上記のステップ1～3では文法の説明をしたあと、動詞を含んだ表現を活用させて「～てもらえませんか」につなげる練習をしています。さまざまな動詞を使って「～てもらえませんか」という文が容易に作れるようになったあと、ロールプレイに移行します。学習者は、ステップ2で活用はできるようになっているので、次はこの文型を意味のある文としてロールプレイの中で使う練習をします。ステップ3のようにロールプレイで「コンテクストの中で」文型を使う練習が効果的でしょう。このようなロールプレイはこの文型を使って「どのようにお願いするか」という総合的な練習が目的です。

　一連の練習がステップ2で終了してしまったら、「頼みごとができる」という能力はつかないでしょう。語彙や文型のドリルをした上で、目的の言語行動を含むさまざまなコンテクスト（役割、物、内容）の場面で話す練習をしていくことが効果的です。ドリルは最終目的地ではなく、ある「機能・総合タスク」を習得するための一つの筋力作りなのだと見るべきです。

2.3　非同族言語の難しさ

　2024年版ACTFLガイドラインは、汎言語的に応用できる基準として規定されています。しかし、目標言語が学習者の第一言語にとって同族言語（cognate）かどうかによって、習得の難度に差があることも否定できません。例えば、英語話者にとって政治や経済の話を日本語でするには、漢字の熟語を自由に使うことができなければ、難しいのですが、漢字熟語をマスターするには、かなりの時間がかかります。

　Foreign Service Institute（FSI、米国国務省外交研究所）では英語を母語とする学習者にとって習得するのが最も難しい言語に、アラビア語、中国語、韓国語、日本語をあげています。スペイン語で上級レベルに達するのに、480時間かかるのに対して、日本語で上級レベルに達するのに、その3倍近くの1,320時間を要すると発表しています。敬語などを含めた文化的な違いや文字が理由としてあげられますが、やはり一番大きいのは、非同族言語（non-cognate）だということです。つまり、同起源の語彙が少ないため、ゼロから習得しなければならないものが大量にあるということです。例えば「教育」ということばを見てみると、英

語の「education」を知っていれば、スペイン語の「educacion」も簡単に頭に入りますし、あとで思い出すのに時間もかかりません。それは、記憶に登録するときに、すでに持っている知識の中に関係づけて覚えられるからです。これは何を意味するかと言うと、既知のものの中に似たようなものがあったほうが、ゼロから覚えるのと比べると、比較的楽に覚えられ、記憶を維持できるということです。このことをふまえると、学習者の第一言語が日本語と非同族言語である場合は、初級レベルでは、新しく導入する文型と語彙の量を学習者の頭がパンクしないように注意すること、それと同時に、少量の日本語でもコミュニケーションができる達成感を体験できるようにして、学ぶ意欲を刺激するようなレッスンとカリキュラムを計画する必要があるということです。

　Christensen & Warnick（2006）は、英語を母語とする学習者にとって、中国語、日本語、韓国語は特に難しいと指摘していますが、その理由として、英語圏とはまったく異なる文化のコードが言語と非言語行動に充填されているにもかかわらず、英語話者の学習者がそれに気づかないことをあげています。自分の言いたいことを第一言語で考えてから日本語化する習慣がつくと、非同族言語の場合、思わぬ落とし穴に陥ることがあります。学生が教授と会って、立ち去るときに、「ドア閉めてほしいですか」というのは、英語の「Do you want me to close the door?」の直訳です。日本語であれば、「ドア閉めましょうか」「ドアは開けておいたほうがいいでしょうか」などが自然です。また、誘うときも「行きたいですか」（"Wanna go?"）ではなく、「行きませんか」というほうが自然です。また、目標言語圏での言語生活に特有のスキーマ（こういう場面ではこう言うのが通常だという規範のようなもの）が存在しますから、日本国外で、外国語として日本語を勉強している学習者には、文化によるスキーマの違いも丁寧に指導していく必要があります。

　学習者の第一言語が日本語と非同族言語の場合、特に初級では、導入内容の量や進度は無理のないように十分留意するべきです。また、日本語に織り込まれた文化コードや非言語行動の規範は、日本人にとっては当たり前で、教える必要性に気づかない場合もあるので、その点は注意して指導内容に入れていく必要があります。

❸ 現状の何を変えるべきか

3.1 相互交流モードの強化

　PBIでは、スピーキングを、ただ単に文を作ること、文を口に出して言う行為として捉えるのではなく、会話、話し合い、トランズアクションなど相互交流の場面に参加することと捉えます。自分で「言いたいことが言える」のはもちろん必要です。しかし、その前に相手からの質問を理解しなければなりません。そのあと、瞬時にそれに応じた返答を創造して発話する必要があります。その発話が相手に理解され、また返答が戻ってくるといったやりとりの繰り返しを維持していく能力が必要です。

　やりとりを維持するためには、質問と返答がどのようになされているかを認識することも必要です。そして、不明な点があったときにそれを明らかにする手段、自分の言ったことが誤解されたときに誤解を解く手段など、意味交渉に必要な表現能力も必要となってきます。そして、短い文単位のやりとりにとどまらず、説明、体験談、意見陳述、推測など長い発話を産出するには、談話を管理するストラテジーも必要です。

　前述のように機械的なドリルや文型習得が主目的の穴埋め問題のような活動は、足場かけとしての役割はあっても、そのあとにコミュニケーション、つまり相互交流モードの活動がなければ、意味はありません。ドリルや文法説明のあとには、必ず実際のコミュニケーションの形をとった練習を行うべきです。

　さまざまなレベルの授業の教室活動として「ペアワーク」が推奨されていることは周知の通りです。ペアワークは、確かに発話量が多い印象があります。しかし、教師のフィードバックのないペアワークは、効果的ではありません。例えば、学習言語ではなく母語で会話してしまうこともあります。また、間違った文法や発音でも、間違いに気づかず、通じ合っていると錯覚したままやりとりの練習を続けてしまうこともあるかもしれません。次の例について考えてみましょう。

1　レイラ　：　コンサート行きますか。
2　トム　　：　コンセル？　コンセル勉強します。
3　レイラ　：「コンセル勉強します」？
4　トム　　：　はい、コンサート行きます。

　この例では、2行目のトムの「コンセル勉強します」によって、トムがおそらく「コンサート」ということばが理解できていないため、レイラの質問とかみ合っていないことがわかります。そこで、レイラは、トムの返答の意味を教えてほしいと質問します（3行目）。しかし、トムはレイラの質問の意図が伝わっていないのか、それには応答せずに、レイラの一番はじめの質問（1行目）に、意味はわからないまま、発音だけを修正して答えています。3行目でレイラに意味を聞かれたあと、例えばトムが、「コンセルは"counseling"ですね？」と意味の確認をすることが可能です。このようにコミュニケーションがうまくいっていないことに気がつかなければ、意味交渉のチャンスを逃してしまいます。このような場合には教師が軌道修正して再度意味交渉のチャンスを与える必要があります。トムが「コンサート」ということばが理解できなかった時点で教師が「コンサートは、音楽のコンサートですね」などと助けを出せば話がかみ合わずに進むことを防ぐことができるでしょう。

　また、スムーズな会話は、「相互作用管理」がきちんとできていることによって成立します。「相互作用管理」とは、聞き手と自分が適切にコミュニケーションに参加できている状態を維持することです。聞き手が聞こえているか、理解できているか、誤解していないかを確認することなどが含まれます。教師が軌道修正しなくても、学習者自身が常に会話の流れに注意を払えるようになることが大切です。もし会話の流れが変だと思ったら、「わかりますか」「わかりましたか」のような質問をし、スムーズに流れていることを確認しつつ（そうでない場合は是正しつつ）会話を続けることを習慣づけることも必要でしょう。

3.2 談話を管理する力へのフォーカス

　中級レベルから上級レベルへと伸ばす際には、「テキストタイプ」が「文」から複数の文で構成される「段落」になるので、発話の量も増えます。また、上級レベル以上では、細かい描写、比較、説明、体験談など、いくつかの文をつなげる力が必要になってきます。そこで、教師は「談話」にもっと敏感になる必要があります。文法重視のカリキュラムでは、一つの文を作ることに焦点が置かれます。また、場面・機能に基づいたカリキュラムでは、「レストランで注文する」といった場面で使われる典型的なセリフとやりとりがあり、それらをなぞっていくというような練習をします。このような練習方法で足りないのは、複数の文を構成していくための「談話管理ストラテジー」です。談話管理ストラテジーは、自分が発話する内容を相手にわかるように構成したりまとめたりするもので、例えば自分の話が途中で脱線してしまったときに、本題に戻すための表現や、長い話がどのようにまとめられているのかを示す「ディスコースマーカー」などが含められます。例えば、「話の本筋に戻ると」といった表現は、話が脱線したあとに、本題に戻る、つまり自分の談話を整理するために使われます。また、「〜って感じですね」は、話が一段落したという合図になります。

　上級をめざすための指導法として、学習者があらかじめ話す内容を書いて準備をしてからスピーキングの練習に移行する方法がよく使われています。語彙も補強できますし、ポイントが何かを確認することができるという点で有益な方法です。しかし、目の前にいる聞き手が話についてこられるように、話しながら談話を管理する力は、好きなだけ時間を使って修正できるのとは違います。上級レベルの定着、さらに超級をめざすのであれば、作文という過程を経ずに、談話管理ストラテジーを駆使しつつ内容をわかりやすく聞き手に伝える練習が必要となります。例えば、単純な事実についての読み物を読んで、すぐに頭の中で整理し、要約を伝えるという練習や、即興で体験談を語る、人、場所、物などのイラストや写真を見ながら語るといった練習が効果的でしょう。このような指導をするにあたり、教師は談話がどのように構成されるのか、談話管理ストラテジーはどのようなものがあるのかを把握しておく必要があります。

3.3　レベルごとに必要な正確さの意識

　2012年版ACTFLガイドラインの中に、「正確さ・理解難易度」の基準があります（2024年版ACTFLガイドラインでは言及されていませんが、OPIでは引き続き 2012年版ACTFLガイドラインと同じ基準が用いられています）。「正確さ」と聞くと「文法の正確さ」を想起しがちですが、ACTFLガイドラインの「正確さ」の捉え方は、「どんな聞き手に理解してもらえるか」ということです。例えば、非母語話者の発話に慣れている人（語学教師など）と、普段まったく非母語話者と話す機会がない人では、同じ話者の話を聞く際に理解度に差があるでしょう。ここでおさらいしておきましょう。

初級の正確さ：非母語話者の発話に慣れている人でも時に理解困難なことがある。
中級の正確さ：非母語話者の発話に慣れている人に理解してもらえる。
上級の正確さ：非母語話者の発話に慣れていない人にも理解してもらえる。
超級の正確さ：非母語話者の発話に慣れていない人にも理解してもらえる。加えて間違いが誤解を引き起こさない。

　初級や中級などのレベルでは、文法や発音、語彙などの間違いによって、発話の意味はホストファミリーなどの同情的な聞き手に理解できる程度ですが、上級、超級のレベルでは、職場の同僚や取引先の相手などが理解できる程度を想定しています。非母語話者の発話に慣れていない母語話者に理解されなければならないので、要求される正確さの度合いが上がります。文法に大きな間違いがあったり、語彙が不足したりしていると、職場で要求される簡単な説明、比較、描写なども相手にうまく伝わりません。このように、2012年版ACTFLガイドラインでは、正確さの程度は、理解してくれる相手が変わることによって示されます。

　理解してくれる相手と正確さの関係から、教師の役割も考え直す必要があります。クラス内で私たち教師はよく「非母語話者の発話に慣れている」聞き手になっているようです。初級や中級のレベルではそれでもかまわないかもしれませんが、上級以上になったら、正確さの

水準を上げる必要があります。例えば、日本語でどう言うかわからないときに、英語を使うことを黙認してしまったり、意味がわかりにくいときや、ポイントがきちんと説明しきれていないときに、学習者の意図をくみ取ったりすることは、適切ではありません。上級の「正確さ」は「非母語話者の発話に慣れていない人にも理解される」ということですから、教師は「非母語話者の発話に慣れている」モードから脱却して対応すべきです。例えば、話者が英語（または自分の母語）のことば、表現を入れた場合、その意味を日本語でどういう意味か尋ねることが必要です。また、ポイントがわからなければ、正確さの精度が足りないことをきちんとフィードバックとして伝え、もう一度説明することを促すべきです。このように、教師は、2012年版ACTFLガイドラインで要求されるレベルごとの「正確さ・理解難易度」をきちんと理解することで、学習者の「正確さ」を高め、日本語能力をさらに伸ばしていくことが可能となります。

❹ まとめ

　PBIは、言語を使って何ができるかということに焦点を当てた指導法です。教師は、各主要レベルに合わせて、さまざまなメソッドやテクニックを効果的に取り入れて、必要とされる「機能・総合タスク」を達成する力を学習者に養成することができます。また、教師は、ACTFLガイドラインや各レベルのサンプルを利用することによって各レベルの話者のプロフィシェンシーとはどんなものであるかを知ることができます（OPIやWPTのアセスメントのトレーニングも随時開催されています）。それらの運用基準を参考に、学習者を目標パフォーマンスレベルに到達させるために、どのような練習が必要かを教師が考え、前述のようにさまざまな方法を取り入れて、コミュニケーション能力・言語運用能力の習得を助けることが重要です。

参考文献

American Council on the Teaching of Foreign Languages. (2012a). *ACTFL OPI familiarization manual*. Alexandria, Virginia: ACTFL.

American Council on the Teaching of Foreign Languages. (2012b). *ACTFL proficiency guidelines 2012*. Alexandria, Virginia: ACTFL.

American Council on the Teaching of Foreign Languages. (2024). *ACTFL proficiency guidelines 2024*. Alexandria, Virginia: ACTFL.

Christensen, M. B., & Warnick, J. P. (2006). *Performed culture: An approach to East Asian language pedagogy*. Ohio: National East Asian Languages Resource Center.

Resnick, L. B., & Nolan, K. J. (1995). Standards for education. In D. Ravitch (Ed.), *Debating the future of American education: Do we need national standards and assessments?* (pp. 94-119). Washington, D.C.: The Brookings Institution.

第2部　初級レベルの指導

1 初級から中級へ
―何ができるようになることが必要か―

渡辺素和子

❶ はじめに

　初級レベルの学習者を中級レベルに導くためには、どのような指導を行えばよいでしょうか。この質問に答えるために、この章では、中級レベルの「機能・総合タスク」と「テキストタイプ」についての理解をさらに深めていきます。中級レベルの「機能・総合タスク」である創造的に言語を使用する能力、質問をする能力、トランズアクションを遂行する能力をきちんと把握することで、どのような教室活動が中級レベルに合っているのか、教師がどのようなフィードバックを与えれば中級レベルの「機能・総合タスク」を行う能力が身につくのかが見えてきます。

　まず、初級レベルの「機能・総合タスク」や「テキストタイプ」を中級レベルのそれらと比べることで、中級レベルで何がどのようにできなくてはいけないかを詳しくおさらいします。そして、中級レベルの文の「テキストタイプ」を単文から連文へと広げる指導について説明します。

表1　初級レベル・中級レベルの基準比較

	機能・総合タスク	内容
中級	・言語を使い創造する ・質問 ・トランズアクション	日常生活に関する話題 簡単・予測可能な生活場面
初級	・限られた言語でコミュニケーション	自分に関する話題 限られた特定の場面

❷ 初級と中級との違い

　表1は、初級レベルと中級レベルの基準の4項目（「機能・総合タスク」「内容」「正確さ・理解難易度」「テキストタイプ」）を要約したものです。
　2024年版ACTFLガイドラインでは、中級レベルの話者について、下記のように規定しています。

> 中級レベルの話者は、創造的に言語を使用する能力を有している。すなわち、習ったり覚えたりした項目を組み合わせて簡単な状況に対処することができる。また、身近な話題についての会話に参加し、簡単な質問をし、簡単な質問に答え、生活に必要な最低限の状況に対処する能力も有している。孤立した文、短い文の羅列などの「文レベル」の発話ができ、簡単な質問もすることができる。加えて、中級レベルの話者は、限られた高頻度の語彙を使うことができる。話者の母語または学習したほかの言語の発音、アクセント、イントネーション、および（声調言語における）声調パターンの影響を受ける可能性がある。しかし、それらによって生じるコミュニケーションの行き違いを認識し、修復することができる。

（ACTFL, 2024）

　中級レベルの話者は、別名、サバイバーとも呼ばれ、目標言語で人とコミュニケーションをとって、衣食住の基本的なニーズを満たすことができる人を意味しています。衣食住の基本的なニーズとは、宿泊

正確さ・理解難易度	テキストタイプ
非母語話者に慣れた相手に理解してもらえる	文
非母語話者に慣れた相手にも理解が難しい場合もある	単語

施設での対応、近所の人との簡単な会話、また、レストランなどで食べたい物を注文したり、予約をしたりといった簡単なコミュニケーションが想定されています。

初級との違いは、「テキストタイプ」と「正確さ・理解難易度」にもあります。「テキストタイプ」の面では、中級レベルでは、文や連文を使います。ホテルのフロントで、「一人、今日、明日」と単語を羅列して、「自分一人で今日と明日泊まりたい」ということをなんとか相手に理解してもらうのが初級だとすれば、「私一人です。今日と明日泊まりたいです」と文を使って、自分のニーズを相手に伝えることができるのが、中級の能力です。また、中級レベルで要求される「正確さ・理解難易度」は、非母語話者に慣れた相手、つまり、同情的な相手に理解してもらえるレベルです。言い換えれば、聞き手はかなり話者が言いたいことをくみ取る必要が出てきます。例えば、ホテルのフロントで「私一人です。今日と明日泊まりました」と時制を間違えて使ったとしても、ホテルの担当者は、「今日と明日ですね。ご予約はありますか？」などと対応するでしょう。それによって、予約の有無、これからの宿泊かどうかということが判明します。また、ホストファミリーとのやりとりで、「あげる・もらう」や「貸す・借りる」が逆になったとしても、その場の状況で、言いたいことを理解してもらうことができるでしょう。一方、初級では、語彙の幅が限られている上に、語と語の関係性や主題と述部の関係性を表す統語の能力に限りがあるので、非母語話者に慣れている相手にも理解されない場面が出てきます。

以下の節で、創造的に言語を使用する能力とトランズアクションについて詳述し、最後には中級で要求される文の「テキストタイプ」を詳述してどのように文レベルの発話能力を伸ばすかいくつかの方法を示します。

❸ 言語を使って創造する能力

3.1　創造的に言語を使用する能力とは？

OPIテスター養成ワークショップで、再三再四繰り返される中級の重要な「機能・総合タスク」は、創造的に言語を使用する能力です。

例えば、これは、教師やクラスメートが口にしたことばを自分の言語に取り入れて、自分が言いたいことを発話するようなことを指しています。

　初級レベルは、暗記だけの発話、また、練習したことに限られた発話ができるレベルです。初級レベルの話者は、今まで経験したことのない話題や表現したことのない内容を伝えようとしたときに、持っている日本語力を総動員して組み合わせたり組み替えたりする余裕がありません。ですから、聞かれていることに対して、同じ語句を繰り返したり、「わかりません」と答えたり、母語を使用したりするといった言語的挫折（linguistic breakdown）が現れます。しかし、中級レベルの話者になると、今まで表現したことがない内容でも、持っている日本語の知識を結集して、なんとか別の言い方ができないか考え、言いたいことを相手に伝えることができます。例えば、自分の車について、「どんな車ですか」と聞かれた場合、「トヨタです」といった答えが一言目に出てきたと想像してください。そのあと、「じゃあ、そのトヨタは、どんな車ですか」と聞かれたときに、初級レベルの話者の場合、もうほかには何も考えられなくて、答えにつまったり、「トヨタです」を繰り返したりするでしょう。ところが、中級レベルの話者だと、いろいろな車の特徴を思い出して、それを日本語で伝えようとします。色、2ドアか4ドアか、年式、燃費などいろいろな面から答えることができます。その場合、燃費という日本語を知らなかったとしても、「ガスを入れます。そして、たくさんたくさん運転できます。とてもいい車です」と既知の日本語を組み合わせて「燃費がいい車だ」というメッセージを伝えることができるのです。

3.2　創造的に言語を使用する能力を伸ばすために

　創造的に言語を使用する力を伸ばすには、習った表現を組み合わせては失敗し、再度挑戦して、組み合わせをしなおすという練習が必要です。このような力は、機械的な練習だけでは伸びません。文を作るための練習には、穴埋め練習、代入練習、動詞の変形練習また、自由回答練習などがあります。例えば、次の練習を見てください。

1　穴埋め練習：図書館（　　）勉強した。
2　代入練習：本を読む。　コーヒーを____。学校に____。
3　動詞の変形練習：本を読む。→本を読まなかった。
　　　　　　　　　ピザを食べる。→ピザを_____。
　　　　　　　　　英語を話す。→英語を_____。
4　自由回答練習：時間があるときには、よく何をしますか。
　　　答え：_____

　はじめの1～3の練習は、自分が伝えたいメッセージを考えるためのものではなく、特定の文法事項の操作や、語の種類を増やす作業だと言えます。ですから学習者が注目しているのは、自分の伝えたいことがらではなく、特定の文法項目や語に終始しています。
　これに対して4の練習は自分自身のことを考えて、その内容を言語化するという練習です。例えば「公園で犬と散歩をします」「友だちとゲームをします」などの答えが可能です。このように自分が言いたいことを知っている語彙、文法を使って表現する能力が創造的に言語を使用する能力です。この能力を確かなものにするためには、さまざまなトピックについて自由に回答する練習が必要です。また、最初の答えに関して、教師がさらに自由回答を求める質問をすることも効果的な練習です。例えば、「そうですか。楽しそうですね。どんな公園なのか教えてください」と聞き、公園という新しいトピックについて話す練習ができるでしょう。
　もう一つの創造的に言語を使用する能力を伸ばす鍵は、open-ended question（開放型の質問）を多用することです。開放型の質問は、文レベル以上で答えざるを得ないような質問を指します。「どう」「どういうX」「どうして」「なんのために」「例えば？」などの表現を使った質問や「もっと教えてくれませんか」などの依頼がこれにあたります。開放型と反対のclosed-ended question（閉鎖型の質問）というのは、「はい」「いいえ」で答えられる質問や、いつ、何時、どれ、どのX、だれ、どこ、何、などのように単語一つでも答えられる質問などを指します。例えば、パーティーについてのやりとりを考えてみましょう。「パーティーはいつありましたか」「だれが来ましたか」「どこでありましたか」

と聞いた場合、「きのう」「田中さん」「教室」と単語一つで答えてもよいわけです。けれども、「どんなパーティーだったんですか」と聞くと、「日本語のクラスのパーティーでした。音楽を聞いてダンスをしました」「みんなが集まって、教室に食べ物を持ってきて、みんなで話したり音楽を聞いたりしたんです。田中さんも来ていました」というように、単語レベルではなく、文を組み合わせて答えなければなりません。

❹ 会話とトランズアクション

　2024年版ACTFLガイドラインによると、中級では「会話とトランズアクション」の能力が必要とされます。では、会話とトランズアクションはどう違うのでしょうか。「この2つの違いを説明してください」とOPIワークショップの参加者に尋ねると、よく「トランズアクションは目的を持ってするもの」という答えが戻ってきます。では、会話には目的がないのでしょうかと質問すると、「いやそういうわけではない」と違いがわからなくなります。2012年版ACTFLガイドラインでは、会話とトランズアクションの違いを次のように捉えています。トランズアクションとは、相手からなんらかの利益、情報や物などを得ようという目的で相手とコミュニケーションする行為です。道を聞く、商品について店員に質問をするなどといった行為が例としてあげられます。会話は、社交が目的です。社交とは、お互いに一定の時間を気持ちよく過ごすことです。中級レベルの話者は、身近な話題やよく聞かれる話題に関しては、比較的スムーズに受け答えをしたり、相手に質問をしたりして、日常的によく起こるような会話をこなすことができることが期待されます。

4.1　会話：会話はやりとりの連鎖

　会話の目的が社交にあることを言い換えると、会話とは、「お互いに協力的に相手に興味のあるような内容を、興味をそそるような形で提供し合う行為」と言えます。つまり、相手の質問から、相手の知りたがっていることをくみ取り、それに応じた適切な量の内容を、相手が納得するような形で提供します。これを、Grice（1975）は、協力的な

会話の原則と呼びました。

　創造的に言語を使用する能力は、「会話」ができることにつながります。人と話すときには、相手にいろいろ聞かれたり、自分から相手に聞いたりするわけですが、それぞれが、つながった鎖のようになんらかの関連性を持ってはじめて会話が成り立ちます。食事会ではじめて会った田中さんと北野さんの会話を見てください。

1	田中 ：	どちらにお住まいですか。
2	北野 ：	中野のほうに、妹と一緒に住んでいるんです。
3	田中 ：	あ、妹さんと？　いいですね、ごきょうだいで一緒に暮らしているなんて。
4(A)	北野 ：	まぁ、妹も東京の大学に行くことになったので、別々の所に住んだらお金もかかるし、親も安心するっていうんで、一緒に住むことになったんです。
4(B)	北野 ：	いや、まあ、安くていいんですけど、ときどき面倒なこともありますよ、かたづけはしないし、夜遅くまでうるさいし。

　上記の会話で北野さんは、妹と住んでいるという自分についての情報を提供しています。その情報を受けて、3行目で、田中さんは、北野さんが妹と一緒に住んでいることを好意的に評価しています。そして、その田中さんの好意的な評価に対して、4(A)の展開だと、一緒に住む場合の利点を説明して反応しています。4(B)の展開だと、反対に問題点を指摘して反応しています。いずれにしても、お互いに言った内容の要旨や部分を受け止めて、それに関連した反応を出しています。

　会話の特徴としてもう一つ注目すべき点は、通常の会話は、尋問のようになってはいけないということです。上記の、住まいについての田中さんの質問に対して以下のようなやりとりが典型的です。

1	田中 ：	どちらにお住まいですか。
2	北野 ：	中野です。
3	田中 ：	中野のどちらですか。
4(A)	北野 ：	駅の東側です。

ところが、日本語の授業のドリルでは、このようなやりとりがしばしば行われます。「いつ東京に来ましたか」「去年の6月です」「何で来ましたか」「飛行機で来ました」「どこから来ましたか」「中国から来ました」「中国のどこからですか」「上海からです」というようにやりとりが続いていきます。もちろん、このようなやりとりは、ドリルとしてはあり得るかもしれませんが、社交を目的とする会話とは言えないのではないでしょうか。このような練習ばかりをしていても、会話力は身につきません。

　もう一つ、冬休み明けのやりとりの例を見てみましょう。

1　ジョン　　：　ジェーンさんは、冬休みは何をしましたか。
2　ジェーン　：　ロサンゼルスに行きました。
3　ジョン　　：　へえ、いいですね。
　　　　　　　　　ロサンゼルスで何をしましたか。
4　ジェーン　：　リトルトーキョーに行って日本の食べ物を食べました。
　　　　　　　　　日本のカレーを食べて、たい焼きも食べました。おいしかったですよ。
5　ジョン　　：　そうですか。（　　　A　　　）。
6　ジェーン　：　（　　　B　　　）。
　　　　　　　　　ジョンさんは、（　　　C　　　）。

　3でジョンが、まず、「へえ、いいですね」と言うことにより、会話の内容に興味を示しています。そのあと、さらにジェーンのロサンゼルスでの活動に関する質問をしています。その問いに対してジェーンは答えを提示しています。ここからさらに「会話」をスムーズに進めるための（A）のジョンの発話はどのようなものが考えられるでしょうか。例えば、「たくさん食べましたね」というコメントが可能です。この場合、ジェーンは（B）では、「はい、たくさん食べました」等の受け答えをして、（C）で「ジョンさんはロサンゼルスに行ったことがありますか」等の質問をして会話を続けるという流れが考えられます。また、（A）でジョンが「たい焼きって何ですか」と質問をした場合は、ジェーンが（B）で答えを与え、（C）では「日本の食べ物が好きですか」などの関連性を持った質問をして会話を続けるという流れが自然です。

中級の「会話」とは、このような自然な流れを作りながら話すことを意味します。中級をめざす授業では、「そうですか」のようなあいづちなど、会話を円滑に進めるための表現を導入することが必要です。また、どのように会話を進めるかという練習も大切です。それには、上の例のように相手の発話にコメントする、さらにフォローアップの質問をするといったことを意識させ、「やりとりの連鎖」ができるように指導することが必要だと言えるでしょう。これに関しては、次の項で詳しく述べます。

　加えて、短い返答で済ませないようにするには、教師側も、尋問のような単語レベルの答えをねらった閉鎖型の質問はなるべく控えて、開放型の質問を意識的に使うようにすべきです。また、閉鎖型の質問に対しても、答えのあとに何かつけ足すのを習慣にするとよいでしょう。このような練習によって創造的に言語を使用する能力をつけることができます。

4.2　会話の始め方、続け方、終わらせ方

　「会話」を遂行するには、会話を「始める」方法、中間で「続ける」方法、そして、会話を「終わらせる」方法を知っていなければなりません。それぞれにいくつかの決まり文句、定型表現のようなものがありますから、それらを導入しましょう。

　会話を始めたい場合は、知らない人の場合、「すみません」（注意喚起）、「この店の方ですか」（相手や状況に関する推量を確認）などが使えるでしょう。また、知っている人同士であれば、「あ、スミスさんのことなんですけどね」（話題の提示）、「え、京都がどうかしたんですか」（人の発話の一部をとらえて割り込む）といった手段が使えます。

　そして、一度始まった会話を続けるには、応答の質を高める必要があります。例えば、学習者に「あなたのアパートはどんなアパートですか」と聞くと、「まあまあいいアパートです」程度の返事しか返ってこないのではないでしょうか。「いいアパートです」でよしとせずに、ほかにどんなアパートなのかを表現できるような練習をすべきです。趣味がバスケットボールだとしたら、どのようにバスケットボールを練習しているのか、テレビゲームだったら、どんなテレビゲームなの

かなどをつけ加えることを習慣づけることによって、学習者も、自分の身の回り、日常生活を意識して分析・観察しはじめ、さらに、それらを日本語でどのように表現できるか、自分なりの表現を試みるようになるのではないかと思います。

　また、質問に答えるだけでなく、相手の言ったことに対してなんらかの反応・コメントを出すことも必要ですし、会話が脱線したときに、もとに戻すことも必要でしょう。また、前項のように「質問」ができなくてはいけないし、さまざまなディスコースストラテジー（わからない単語を聞く、意味の確認をする、思い出している最中のフィラーなど）も必要です。

　最後に、会話を終わらせるには、「もうそろそろ行かなくちゃいけないので」（終了の理由）、「よかったですね／残念でしたね」（しめくくりのコメント）などの常套手段を身につけていると役に立つでしょう。

　このように創造的に言語を使用する力をフルに使い、「始め方、続け方、終わらせ方」をマスターしてはじめて上手に会話を遂行することができるようになるのです。このような能力をつちかうために、クラス全体で自然な流れの会話を作成するというやり方も効果的です。語彙、文型を超えて、会話のやりとり練習を通して学習者の中級の能力は確かなものになります。

　ところで、「会話上手」になるためには、さまざまな話題について情報を提供したり質問したりできることが必要です。といっても、外国語だと、とっさに話題が思い浮かばないのではないでしょうか。ですから、日常の当たり前のことを普段から話題としてストックしておくと役に立ちます。

4.3　トランズアクション：トランズアクションの構成と指導

　4.で説明したように、「会話」は社交が目的なのに対し、トランズアクションは、なんらかの利益（情報、物など）を得るために行う言語活動です。トランズアクションの能力を養うためには、場面と機能を組み合わせた「場面・機能シラバス」に基づいて活動を組み立てるとよいでしょう。

　トランズアクションの例としては、何かを買う、申し込む、依頼する、

予約する、決める、借りる、情報を得るなどといった行為があげられます。そして、場面には、店、受付、病院、宿泊施設をはじめ、学校や職場でのさまざまな場面が想定されます。トランズアクションの活動例を考えるためには、場面、行為、目的（得るもの）、相手との関係を組み合わせていけば、状況のアイデアが生まれてきます。

場面：職場、教育機関、商業施設（店など）、その他の社会公共施設（病院、役所など）
行為：情報入手、依頼、購入、決める、予約、申し込む
目的：物品、サービス、情報、時間、ディスカウント、金銭的なもの、イベントへの参加、休暇
相手との関係：同僚－同僚、上司－部下、教師－学生、売り手－買い手、サービス提供者－サービス利用者、募集者－応募者、受付－利用者

例1：来週月曜日に休みを取る許可を上司から得る
　　　場面：職場　　　行為：依頼
　　　目的：休暇　　　相手との関係：上司－部下
　　　「すみませんが、来週月曜日、休ませてもらいたいんですが」

この発話は、最小限必要な表現です。これに、理由などを言う練習も加えるとよいでしょう。次に別の組み合わせで2つの例を示します。

例2：店員に、自分の家族にあげるにはどのお土産がいいか聞いて買う
　　　場面：店　　　行為：購入・情報入手
　　　目的：物品　　相手との関係：売り手－買い手
　　　「すみません。アメリカの両親にお土産を買いたいんですけど、どんなものがいいですか」
例3：病院の受付で症状を説明する
　　　場面：病院　　　行為：予約
　　　目的：時間　　　相手との関係：病院受付－利用者
　　　「ひざが痛いので、診てもらいたいんですけど」

それぞれの場面設定に応じて、目的を遂行するための基本的かつ必要最低限の表現が想定できます。ただ、現実的にはこれだけでは終わらず、想定した以外の質問を相手から受けるでしょう。それに対応する力もつけなくてはいけません。例えば、例2のお土産を買う場面では、店員に、両親の年齢層や好みを聞かれるかもしれません。または、いくつかの商品を勧められるかもしれません。例3の病院の場合だと、初診かどうか、指定の医者がいるか、そして、いつごろがいいかなどと聞かれるでしょう。場面と目的に合わせて、「質問をする」「相手の質問に答える」「依頼する」などを含めた一通りの典型的なやりとりを練習することで、トランズアクションのレパートリーを増やしていくことができます。次は例3を使った会話の例です。

A：患者。ひざが痛い。予約を取りたい。初診なので、何が必要かも知りたい。
B：病院の受付

  A ： すみません、予約をお願いしたいんですが。
  B ： はい、どうされましたか。
  A ： ひざが痛いので、診てもらいたいんですけど。
  B ： はい、わかりました。明日の午後3時はどうですか。
  A ： はい、大丈夫です。はじめてなんですけど、何が要りますか。
  B ： 身分証明書と保険証をお願いします。
  A ： はい、わかりました。

このように、「初診であるから何が必要かも知りたい」という条件を加えることによって、「質問する」という練習もこのトランズアクションの中に入れることができます。

4.4　スキーマ

トランズアクションを育成する上で重要なのは、スキーマという概念です。スキーマとは、Bartlett（1932）によって提唱された認知科学の概念で、私たちの暮らしを含めた周辺世界の場面、出来事、人物、物などについてあらかじめ持っている一般化された知識のことです。例えば、「日本で電車に乗るときはたいていの場合、改札でカードをかざし、運賃を支払う、または切符を購入して改札機に入れることが必

要である」という知識です。言うまでもなく、文化によってスキーマは異なることがあります。日本のような電車システムがない国の人にはこのスキーマは共有されていません。また、同じ文化の中でも年齢、職業、世代の違い、性差などによって個人の持つスキーマは異なる場合も多いと言えます。

このスキーマの観点から、トランズアクションの練習をする場合に、3つの注意点があります。まず第一点は、学習者が対象となるトランズアクションのスキーマを持っているかどうかを確認しておくことです。ある場面についての予備知識がないと何をどうしたらよいのかがわからないので、きちんとスキーマを持っていることを確認した上でトランズアクションの練習をすることです。例えば、家の購入でどのようなことをしなくてはいけないかということは、未経験の人は持っていないスキーマかもしれません。

第2の注意点は、ある場面で起こり得るやりとりを考えることです。例えば「診察の予約をし、さらに関連した質問をする」というタスクの場合、予約をすることばかりに全エネルギーを使いはたしてしまい、病院の予約をしたあとで質問をしなさいと言われても、「病院は大きいですか」などといった関連性に欠ける質問が飛び出したりします。もしくは、質問をする言語の力はあるのに、何を質問したらよいかわからないので、質問が思い浮かばないまま、諦めてしまう場合もあります。普段から、頭が真っ白にならないように、「どのような流れが自然であるか」というスキーマを活性化する練習をしておくとよいでしょう。例えば、病院で予約をしたあと、何か質問をするタスクの場合、始める前に、クラス全員でどんな質問が可能かいろいろな案を出しておく方法が考えられます。一例として、「駐車場はありますか」等の質問が可能でしょう。

3点目は、第一点のスキーマにおける文化の差をきちんと埋めておくということです。学習者が「家を購入する」というスキーマを持っていても、学習者の国での家の購入手順は目標言語の文化の中での手順と違うかもしれません。つまり、母語と目標言語間でのトランズアクションの違いを認識しなくてはいけません。文化の違いが言語使用に密接に反映しているということを重要視した Performed Culture とい

う指導理念を提唱している Christensen & Warnick（2006）は、一見同じように見える場面設定も、欧米と中国・韓国・日本とでは、何をどのタイミングで言うかが異なってくると言っています。例えば、アメリカのレストランでは、担当となった店員に注文をして、会計も同じ店員にしてもらい、最後にはチップを渡すという流れです。これに対して、日本では、注文はどの店員にしてもいいし、会計の伝票などは注文した物全部がそろった時点ですぐに渡され、食べ終わったら会計のところで払って店を出ます。さらにチップは要りません。このように、タスクの核となるセリフだけに絞るのではなく、一定の場面のはじまりから終わりまでを構成する一連の非言語行動や言語行動を含めて練習すべきです。そして、その際には、目標言語の文化のスキーマと学習者の文化のスキーマとの違いを十分認識する必要があります。

　以上のように、トランズアクションは、場面、目的、行為、人間関係などを組み合わせることによって、そのレパートリーを増やすことが大切です。そして、場面を設定して練習するときには、スキーマの有無や文化によるスキーマの違いを確認してから練習すると効果的です。

❺「テキストタイプ」

5.1　文という「テキストタイプ」とは？

　中級で要求される「テキストタイプ」は、文です。文といっても多様で、単文、従属節なども文と捉えることができます。

　初級では、文にならない発話、単語や句レベルの長さの発話が「テキストタイプ」の特徴ですが、これは、語と語を組み合わせる力が十分でないということを表しています。中級レベルでは、最低限でも、語と語を組み合わせることで伝えたい内容を表します。例えば、「XがYです」のように、XがYという特性を持つことを表現したり、また、「Xが動詞」のように、Xがどのような動作をしているのか／状態になっているのかを表したり、「XがYに／を 動詞」のように、XがYにどのような作用を起こしているのかを伝えたりします。

　ただし、日本語の場合、主語を省略しても文になったり、「です・ます」

を使わなくても、単語だけを言うことで文が成立したりすることがあるので、ある文が句レベルか文となっているかを見極めるのが非常に難しいこともあります。そのため、創造的に言語を使用する能力という「機能・総合タスク」が初級と中級を区別する最終的な鍵となります。例えば、「おもしろいです」という発話は、暗記された短い句でしょうか。それとも、創造された文として見るべきでしょうか。それを見分けるために、トピックを変えて、話者が「おもしろいです」を決まり文句のように使っていないか確かめたり、開放型の質問を繰り返して、「おもしろいです」以外の表現を引き出したりすることが必要です。そういった発話を引き出すいろいろな手法によって、文レベルが維持できるのか、それとも、決まり文句的に句を発しているだけなのかを見極めることができるのです。

5.2　文レベルの発話力を育てるために

　ではどうすれば、文レベルの発話ができるようになるでしょうか。すでに第3節と第4節で紹介した、「単語で終わらせない」「開放型の質問をする」、そして「フォローアップの質問をする」の3つがここでも役に立ちます。まず一つ目には、教室内でのやりとりや演習中に単語のみで発話した場合に、何度も文で終わらせることを要求しづつけることです。

例：
教師　：　スミスさんは、何曜日がいいって言ってましたか。
生徒　：　金曜日。
教師　：　金曜日……？
生徒　：　金曜日です。
教師　：　「金曜日です」もいいですけど、もう少し長く言ってみてください。
生徒　：　金曜日がいいって言ってました。

　このように、「金曜日」や「金曜日です」だけでよしとするのではなく、完結した文を言うことを常に要求することによって、単語のみの答えや「X＋です」などの短い答えから脱出することができます。

ところで、このように完結した文で言わせることについては、賛否両論があります。主な批判は母語話者による自然な発話はいちいち文を完結させていないので、完結した文ばかりで話をさせるのは不自然だというものです。しかし、母語話者の場合は、文で完結させる能力も単語のみで処理する能力もどちらも備わって、選択肢としてどちらかを自分で選んで使っています。一方、文を作る力がないまま、単語のみで必要を満たすことに慣れてしまうと、文形成の力がなかなか身につきません。その結果、文か単語かのどちらかを選ぶのではなく、単語の発話しかできなくなってしまうという問題が発生します。完結した文が常に言える力をつけるまでは、やはり教師が文レベルの答えを言うように地道に指導していく必要があるのではないでしょうか。

　2つ目の方法は、教師が、開放型の質問を常に投げかけるものです。上記の例では、教師のはじめの質問が閉鎖型の質問（「何曜日がいい」）であるために、生徒も単語で簡単に答えてしまうわけです。同じ内容について、開放型にするなら、「スミスさんはなんて言っていましたか」あるいは、「どうして金曜日になったんですか」にすると、「金曜日がいいって言っていました」「スミスさんが金曜日がいいって言っていたからです」というように、文で答えることが必要になります。

　そして、3つ目の方法として、フォローアップの質問をすることも、文レベルで答える力を伸ばすのに役に立ちます。このフォローアップの質問も開放型にするように気をつけなければなりません。せっかく「どうして金曜日になったんですか」と聞いたのに、そのあとの質問が、「何時ですか」「どこでありますか」のように閉鎖型の質問になってしまったら、また単語レベルに落ちてしまいます。さらに文レベルの発話を引き出すには、「じゃあ、その金曜日のイベントについて決まったことを、もっと教えてください」というような開放型の質問をすべきでしょう。

❻ 結び

　この章では、中級レベルの「機能・総合タスク」と「テキストタイプ」を中心に説明しました。また、これらの「機能・総合タスク」が文の「テキストタイプ」を維持しながらできるようになるための指導として、開放型の質問やフォローアップの質問をどのように使うかを紹介しました。中級レベルの「機能・総合タスク」について理解を深めることで、具体的な指導活動や補強練習のアイデアがたくさん生まれてくることを期待しています。

参考文献

American Council on the Teaching of Foreign Languages (2024). *ACTFL proficiency guidelines 2024*. Alexandria, Virginia: ACTFL.

Bartlett, F.C. (1932). *Remembering: A study in experimental and social psychology*. New York: Cambridge University Press.

Christensen, M.B. & Warnick, J. P. (2006). *Performed culture: An approach to East Asian Language Pedagogy*. Columbus, OH: National East Asian Languages Resource Center.

Grice, P. (1975). Logic and conversation. In P. Cole & J. L. Morgan (eds.), *Syntax and semantics, Volume 3: Speech acts* (pp. 41-58). New York: Academic Press.

渡辺素和子 **1章** ●初級から中級へ

2 初級から中級をめざす活動

川西由美子・味岡麻由美

❶ 中級に求められている機能

　中級レベルでは、日常生活に関する話題について、創造的に言語を使用する能力を使って、会話、トランズアクション、質問ができることが必要です。本章では初級の学習者を中級レベルに導くために、2024年版ACTFLガイドラインに基づいた、会話力を養う活動とトランズアクションができるようになる活動を紹介します。まず、「会話を始め、続け、終える力を養う」活動を紹介します。これは、受け身の発話になりがちな初級レベルの学習者に、中級レベルの自発的な発話を促す活動です。また、中級レベルでは情報を加えたり、関連した質問をすることで滑らかに会話を運ぶことが求められます（第2部第1章）。そういったことができるようになるための、「発話を詳しくするために『もう一言』発言する活動」を次に紹介します。最後にトランズアクションの活動を紹介します。継続的な練習が可能で応用が効き、中級の能力をつけるために効果的なものです。このトランズアクションの活動では、「文レベルのテキストタイプ」を用い、自分のことから身の回りのことに話題を広げることをねらいます。本章の活動は学習者が既習の単語、文法や定型表現を組み合わせて自分が言いたいことが表現できることを主眼としているものです。

❷ 会話を始め、続け、終える力を養う

　本節では会話を始め、続け、終えるための活動例を紹介します。初級レベルの学習者は、頭の中で文を作ってから会話を始めようとするため、発話しはじめるまでに時間がかかる傾向がありますが、これは簡単な発話の練習を繰り返すことで改善することができます。例えば日常会話では「私は昨日の午後、図書館でサムさんと宿題をしました」のような完全文はあまり見られず（Ajioka & Kawanishi, 2013）、「あ、

そういえば、アンさんと会ったんです」「昨日あのカフェに行きましたよ」のように、まず会話の導入を主要な要素から始め、会話の中で相手と補足情報を協働構築します。これを教室活動で明示し学習者が気軽に会話を始めるスキャフォールディング（scaffolding, 足場かけ）とします。

2.1　会話を始め、続ける方法

　会話の相手には（1）話者がすでに知っている相手、(2)話者が知らない相手の2つの場合があります。(1)では、経験したことを報告したり偶然会ったときに「どこへ行くか」「何をしに行くか」と尋ねたりすることがあるでしょう。一方、(2)では偶然その場にいた人や初対面の相手に話しかけたりする場合などがあります。以下にそれぞれの場合の表現例を提示します。

(1) 話者がすでに知っている相手
　　① 報告「先週トムと京都に行ったんだけど」（本章 3.1.2 参照）
　　② ほめる「あ、その服いいじゃん、どこで買ったの？」
　　③ 質問「ねえ、今時間ある？　ちょっと聞きたいことがあるんだけど」（本章 3.1.2 参照）
　　④ 依頼「ちょっとお願いがあるんだけど」（本章 4.1 参照）
　　⑤ 誘い「〇〇さん、金曜日、あいてる？　映画のチケットが2枚あるんだけど、よかったら一緒に行かない？」（本章 4.1 参照）

(2) 話者が知らない相手
　　① 機内で「日本に行くんですか」「日本にお住まいなんですか」
　　② パーティーで初対面の人に「出身はどちらですか」

　以下の活動1は、相手の発話と自分の習ったことを組み合わせながら会話を始め、続ける練習です。話題、質問、テキストレベルを変えれば、ACTFL初級レベルから中級–下まで活用できます。

活動1:「ドンドン聞く聞く日本語会話（略称『ドン聞く』）・基本編」
（初級-下から初級-中レベルの学習者向け）

<準備>

「出だし文」を書いたカードを用意します。「あ、そうそう、昨日、映画見ましたよ」「あ、そういえば、日曜日に行きましたよ」など。出だしは「あ、そうそう」や「あ、そういえば」などの自然なものを用い、そのあとに<時・場所・ものなど>と<動詞>の情報を補足します。学習者には疑問詞疑問文の作り方を教えておきます。

<手順>

(1) ペアを作る。学習者Aはカードを1枚選び学習者Bに見せずに黙読する。「出だし文」に続くストーリーを作り（30秒ほど）、会話を始める。
(2) Bは「何をですか」「どこでですか」のように、足りない情報を<疑問詞＋助詞＋ですか>の形で尋ねる。質問にも答えにも「で」「に」などの助詞をつけるよう指導する。
(3) 10分程度で練習成果の発表をする。「たくさん話したで賞」（カードの枚数から）、「ペラペラで賞」（自然な会話ができたペアに）など、賞を作るとゲーム感覚で活動を行うことができる。

出だし文カードの例

> あ、そうそう、昨日、映画を見ましたよ。

会話例:「ドン聞く・基本編」
1　リー　：　あ、そうそう、昨日、映画を見ましたよ。↗
2　キム　：　そうですか。↘　どこでですか。
3　リー　：　新宿でです。
4　キム　：　そうですか。誰とですか。
5　リー　：　妹とです。

<注意点>
(1) 文全体や文末の抑揚[注1]など自然な発話を指導します。
(2) 「どこですか」や「何ですか」ではなく、必ず助詞をつけ「どこでですか」「何をですか」の形にするよう注意します。会話の中でよく用いられるものなので実践的ですし、助詞にも慣れることができます。
(3) 聞き手側の学生にも「そうですか」「へー」「ふーん」など相づちを適宜用いるように指導します。

活動２:「ドンドン聞く聞く日本語会話（略称『ドン聞く』）・応用編」
（初級–中から中級–下レベルの学習者向け）

<基本編との違い>
(1) 質問文に「〜んですか」を取り入れる。
(2) 発話を増やし、情報を膨らませる。
(3) 聞き手側の感想や相づちをより充実させる。

出だし文カードの例

あ、そういえば昨日カフェに行きましたよ。

会話例:「ドン聞く・応用編」
1　ケイ　：　あ、そういえば、昨日、カフェに行きましたよ。パスタを食べ
2　　　　　　たんだけど、おいしかったですよ。
3　リサ　：　へー、よかったですねー。どのカフェに行ったんですか。
4　ケイ　：　大学の前の新しいカフェです。知っていますか。
5　リサ　：　はい。パスタは何を食べたんですか。

注1　会話例1に例として文末の抑揚を表す矢印を入れました。このような抑揚に注意して自然な会話を指導するとよいでしょう。また、「そうですか」のように文尾のイントネーションで意味が異なるものがあるものについても練習すると効果的です。

```
 6  ケイ： カルボナーラを食べたんですけど、本当においしかったですよ。
            それに安かったです。
 7  リサ： へー、いいですね。誰と行ったんですか。
 8  ケイ： キムさんと行ったんです。
 9  リサ： いいですねー。私も行きたいです。
10  ケイ： じゃあ、今度一緒に行きましょう。
```

＜注意点と応用＞

(1) この例のように、単なる一問一答にとどまらず、関連情報も自発的に発話するように指導します。また、会話の出だしもカードの表現だけでなく、膨らませるように指導します。（さらに発話を豊かにする活動については第3節を参照）

(2) 「基本編」よりも相づちやフィラーの種類を増やします。

　① へー、ふーん、など（短い相づち）

　② そうですか。そうなんですか。など（長めの相づち）

　③ よかったですね。いいなあ。など（感想）

　④ うーんと、えーっとー、など（時間稼ぎ）

　⑤ そうですねー、何だったかなー、など（思い出す）

(3) 基本編より複雑な場面や状況設定が必要なので、準備時間を1分程度とります。最初のAの発話にすでに複数の情報が含まれているので、Bは相手の発話をよく聞き不足情報を質問しなければならず、注意力や理解力の向上につながります。

(4) 応用編では、実際に日常会話で役立つトピックを用いて出だし文カードの発話のバリエーションを増やします。例えば、「あのさ、この前の日曜日にリーさんのうちに行ったんだけど」（経験の報告）、「ねえねえ、『○○（映画のタイトル）』見た？　おもしろかったよ」（新情報の報告と共有）、「今度のテスト、難しそうだよね」（相談）、「ねえ、ちょっと聞いてよ」（相談または困った経験の報告）など。

(5) 出だしの発話カードは学習者の足場かけであり、最終的にはカードを使わずに会話をすることが目標です。慣れたらカードなしの練習に切り替え、創造的に言語を使用する能力（既習の単語、文法を組み合わせて自分が言いたいことが表現できる能力）を養います。

活動3:「時間稼ぎのエコー質問」
（初級-上から中級-下レベルの学習者向け）

会話の中で相手の質問に対する回答を考えるとき、また相手の言ったことを確認したいときに役立つエコー質問の活動を紹介します。初級学習者が会話の中で時間を稼ぎたいときに自然に聞き返す練習です。

<準備>
質問カードを用意します。「昨日は何をしましたか」「テストはどうでしたか」など、開放型の質問[注2]を用います。

<手順>
(1) 各ペアに質問カードを10枚程度配布し、それぞれが半分ずつ持つ。自分のカードを相手に見せないよう指示する。
(2) 時間を設定して、終わったら発表してもらう。

質問カード1

○○さん、昨日は何をしましたか。

会話例:「時間稼ぎのエコー質問1」（太字がエコー質問）
1　レオ　：　ユナさん、昨日は何をしましたか。
2　ユナ　：　**昨日ですか**。そうですね。映画を見ました。

注2　「開放型質問（Open-ended question）」とは、単語の置き換えによって答えられる「閉鎖型質問（Closed-ended question）」とは異なり、話者が自分の知っている語彙や文法を用いて発話をある程度創造しなければならないタイプの質問のことです。

質問カード2

> ○○さん、テストはどうでしたか。

会話例：「時間稼ぎのエコー質問1」（太字がエコー質問）
1　ユナ：　レオさん、テストはどうでしたか。
2　レオ：　**テストですか**。うーん、そうですねー。ちょっと難しかったです。

<注意点>
(1) 質問されたら必ずエコー質問してから答えるよう指導します。
(2) 日常会話でもエコー質問を意識して用いるように促します。

活動4：「って何？」活動
（初級-上から中級-下レベルの学習者向け）

　最後に、「『って何？』活動」を紹介します。相手の言ったことがまったくわからないときには「もう一度お願いします」でも構いませんが、いつもこの表現だけでは、初級レベルの「決まった語句や暗記した発話」の域を出ません。また、中級レベルに上がるためには、相手の言ったことを部分的にでも聞き取って再現する力が必要です。ここでは聞き取りにくい、あるいは理解できない語句を「〜って何ですか」や「○○のあと、何て言いましたか」などの定型表現に組み入れて、聞き返す練習をします。授業内や教師との会話でも使うことを、教室内のルールにするとよいでしょう。

<準備>
文カードを人数分用意し、それぞれ違う文を書きます。一つの文に一つ未習の語を含め、未習語には下線を引きます。裏面にはその語の訳や説明、画像などを載せます。表面の文は「週末に京都を観光したいです」「来週、一緒に美術館に行きませんか」など平叙文でも疑問文でも構いません。未習語には、日常生活で使いそうなものや次の課の単語を含めると習得の補助になります。

<手順>
(1) 文カードを1人1枚配布する。そのカードはほかの人に見せないよう指示する。
(2) 自分の文カードの未習語の意味がわかっているかどうか確認する。わからない学生には、教師が本人だけに説明する。
(3) 全員が自分の文カードの意味を理解したら、「はじめ！」の合図で学生は教室内を自由に歩いて会話相手を探す。
(4) 会話相手を決めたら、まずは一般的な挨拶から始め、どちらかが文カードに書かれている文を言う。
(5) 聞き手は、その文の意味がすぐには理解できないはずなので、「〜って何ですか」の定型表現で相手に意味を尋ねる。
(6) 「〜って何ですか」と聞かれたら、話し手はもう一度その語句を繰り返す（「ああ、美術館ですよ、美術館」のように何度繰り返してもよい）。
(7) 最後に、話し手は日本語でその単語の説明をして意味を2人で確認し、挨拶をして別れ、ほかの会話相手を探す。日本語で説明するのが難しい場合には、カードの裏を見せてもよい。また全員スマートフォンなどの電子機器を持っている場合には、それを用いて意味や画像を調べてもよい。

文カード

| 来週、一緒に美術館に行きませんか。 |

会話例：「『って何？』活動」（太字が聞き返し質問文）
1　トム　：　あ、サラさん、こんにちは。
2　サラ　：　あ、トムさん、こんにちは。
3　トム　：　ねえ、サラさん、来週、一緒に美術館に行きませんか。
4　サラ　：　え、あのー、**「ビジュツカン」って何ですか**。
5　トム　：　ああ、美術館です。（トムはカード裏を見せるなどして、サラに美術館の意味を理解させる）
6　サラ　：　へえー、そうなんですか。美術館ですね。いいですよ。一緒に行きましょう。

まだ聞き返し表現に慣れていないうちは、クラスで「聞き返し表現リスト」を配布し、それを見ながら活動をしてもかまいません。リストの聞き返し表現に慣れてきたら、さらに表現を増やしたり表現の難度を上げたりして、手持ちの表現を増やしていきます。例えば「〜のあと、何ておっしゃいましたか」や「〜って、どういう意味ですか」のように、少し長めの表現を加えます。また、初級レベルの学習者は「〜って何ですか」ではなく「〜は何ですか」とよく言いますが、これは不自然に聞こえます。「〜って」が未習か既習かにかかわらず、普段から日本語環境で使われる自然な表現を教えることで、不自然な表現の化石化を防ぎます。

この活動により、(1)自然な聞き返し表現が使えるようになり、知らない表現に対する恐怖心が和らぐ、(2)未習の課の単語を先取りすることにより、のちにその語を習う際に習得しやすくなる、(3)相手と一緒に未習単語を調べて意味を確認するので、自分一人での暗記作業よりも記憶に残りやすい（Dörnyei, 1997）、(4)相手の話からわからない語を聞き取って再現するため、聞き取り能力が高まり、会話をする自信へとつながります。

2.3　会話の終え方

日常会話では自分の感想を述べて会話を終えることがよくあります。本節ではこの会話の締めくくりでよく用いられる簡単な表現「〜たですね」「〜そうですね」を練習する活動例を紹介します。これらの締めくくりの表現では主に形容詞が用いられるため、初級レベルの学習者にとっては活用が難しいかもしれませんが、定型表現として導入することで挨拶のように定着させることができます（川西・味岡, 2013）。以下は実践的に用いることができるものです。

「よかったですね」（よいこと全般）
「そうですか。大変でしたね」（よくないこと全般）
「楽しそうですね」「おもしろそうですね」「おいしそうですね」

ここで、「〜そうですね」の表現は未習であっても頻出フレーズとし

て慣れることが大切です。先に表現を覚えて、あとから文法を学ぶことで、学習者にとっては「気づき」(Schmidt, 1990) となり、より強固な習得にもつながります。

　また感想を述べるために、文脈や学習者のニーズに合わせ、なるべく多くのイ形容詞・ナ形容詞を紹介するとよいでしょう。

　この練習は会話能力を向上させることができ、いろいろな活動で応用できます。教科書の会話演習でもこのような自然な終え方を導入することで、学習者はより実際的な日本語会話の構成に慣れ、暗記や語彙の列挙を超えた中級レベルの会話運営能力を身につけることができます。

❸ 言いたいことを表現する：「もう一言」発言する

　この節では、最低限の発言で終わらず、関連のあることを付け足す練習を紹介します。「もう一言」加えることで、自発性や積極性が高められ、付け足しや前置きなどのストラテジーで発話を豊かにします。この練習は最初から完成した文を作らなくてもよいので心理的な負担が少なくて済みます。おうむ返し的に質問に答えるのではなく、言いたいことを言うことを心がけさせます。

3.1　自発的な発話のために：発話を豊かにする

　以下に「付け足し」や「前置き」で説明を詳しくする練習について、＜準備＞＜手順＞＜注意点＞＜応用＞の順に説明します。なお、初級話者には「付け足し」のほうが前もって発話全体を考える必要がないため話しやすいということがあるかもしれません。

3.1.1　「付け足し」により説明を詳しくする練習

　ねらいは、補足で説明を詳しくすることです。表現は「～んです」「～んですが」「～んですけどね」などが使えます。トピックは(1) 物：買った物、ほしい物、(2) 人：家族、友人、(3) 場所：出身地、行った所、(4) 活動の説明・紹介：趣味、アルバイトなどの紹介です。以下に、物の説明の活動を紹介します。

活動５：物の説明 （付け足しバージョン）

<準備>
フリーマーケット（フリマ）で買えそうな物の絵カードを用意します。表に絵を、裏に値段、色などの情報を書きます。

表：
裏：好きな色
あまり古くない
安かった
（1,000円）
少し大きい

表：
裏：ほしかった
よく使っている
好きなブランド
モデルが古い

図１　カード

<手順>
(1) 設定の確認と描写のモデル提示

　絵を１枚見せ「これ、昨日、フリマで買ったんです」と設定を明確にし「安かったんですよ。1,000円だったんです。でも、サイズが少し大きいんですよ」と言います。次に、同じ物で情報の順番を変えて説明を繰り返します。暗唱ではないので、順番は関係なく、言いたいことから言っていいと理解すると、発話の自由度が高くなり即時対応力も養え、実践的になります。

　表現定着を図るために部分ごとに練習します。「これ、安かったんですよ」「モデルが古いんですが、すぐ使えると思ったんです」など、普通の速度でまとまりのまま繰り返し聞き、シャドーイングをします。テキストレベルを単語から文へと長くしていくためには瞬時記憶スパンを伸ばすシャドーイング（植村, 2009, p.28）が効果的なので「心の中で無声でついていく」（同書, p.27）ことも習慣化するように促します。

(2) 会話モデルの提示

　「たくさん話しましょう」と言い、発話数を増やすことを意識させます。教師・学習者の会話か録音・動画でモデル提示をします。情報を3つ以上出すなどゲーム形式にすることもできます。

会話例：「もう一言付け足し」会話
1　学習者　：　これ、昨日買ったんです。
2　教　師　：　へー（うなずく）。
3　学習者　：　安かったんですよ。
4　教　師　：　そうですか。
5　学習者　：　好きなブランドなんです。
6　教　師　：　ふーん（うなずく）。
7　学習者　：　でも、少し大きいんです。
8　教　師　：　あ、そうですか。
9　学習者　：　でも、ほしかったんです。
10　教　師　：　よかったですね。
11　学習者　：　はい。
12　教　師　：　どこで買ったんですか。
13　学習者　：　Xのフリーマーケットです。
14　教　師　：　あ、私も行きましたよ。
15　学習者　：　あ、そうですか。
16　教　師　：　はい、これを買ったんです。
　　　　　　　　（と次のカードを出す）

(3) 実践：教材ありのペアワーク

　図1の絵カードを使うペアワークに移り、教師は机間指導をします。3分程度で、カードは同じまま相手を変え練習を続けます。次にカードを交換し、練習を続けます。要領がわかったら、自由な説明を加えます。実際、この時点で学習者も自発的に話し出しています。自由な説明を行うためのヒントとして、カードの裏面に「いくら？」「色は？」「古い？」「日本の？」などをヒントを箇条書きにしてもよいでしょう。

(4) 実践：実体験を話すペアワーク

　実体験に基づいて会話します。まず、教師が自分の持ち物について

説明し、カードなしの練習に移行します。ここで前のステップで使った表現を再度使用します。

(5) 発表

成果の発表は以下のように連鎖的にすることも可能です。この方法で学習者は説明役と聞き役の機会を得られます。グループ内で発表したり、2巡目で役割を交代する方法もあります。

例：連鎖的な発表方法
　　発表1＝学習者A（説明役）と学習者B（聞き手）
　　発表2＝学習者B（説明役）と学習者C（聞き手）
　　発表3＝学習者C（説明役）と学習者D（聞き手）

(6) 実践：教師との会話

創造的に言語を使用する能力を伸ばすために聞き手の教師が質問もすると、学習者は柔軟な対応をする練習になります。

<注意点>

(1) 教師は相づちを最小限にし、話者が説明するものについて補足する機会を与えます。
(2) スムーズな活動のために表現の数や難易度をコントロールし、学習者が単語表に頼らないようにします。
(3) 「あ、」「え、」などや終助詞「ね」などの表現も早い段階で定型表現の一部として提示します。このような「あからさま表現」（鎌田他編, 2015）により、自然な時間稼ぎや受け答えとなり言語的挫折を避ける方法として有効です。

<応用>

持ち物の説明はほめられたときの反応や買い物の話などにも応用できます。教師は普段から持ち物をほめるなどして挨拶のように繰り返すことで慣れることができます。例えば「あ、それ、＋<質問やコメント>」の枠を使い「あ、それ、何ですか。いい色ですね」「使いやすそうですね」など、頻繁に似た状況に接すれば、慣れて実際に対応でき

るようになります。

3.1.2 「前置き」により説明を詳しくする練習

「付け足し」の「～(ん)ですけど」の部分をそのまま先に言うことで、背景情報を「前置き」にできることを示します。

> 活動6：物の説明 (前置きバージョン)

<準備>
活動5と共通の絵カードと「+」と書かれているカードを用意します。「+」カードは背景情報、関連情報を表します。

<手順>
(1)「付け足し」を「前置き」に応用するモデル提示

最初に「付け足し」を見せます。絵カードを見せ「これ、日本で買ったんです」と言い、続けて「+」の紙を並べて「2年前なんですが」と言います。再び「これ、日本で買ったんです。2年前なんですが」と繰り返し、絵カードと「+」カードをそれぞれのタイミングで指し示して強調します。ここまでは「付け足し」のパターンです。次に順番を逆に「+」カードを先に、絵カードをあとにして「前置き」のパターンを提示します。例えば、「2年前なんですが、日本で買ったんです」と言います。

図2：付け足し

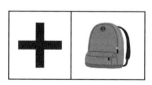

図3：前置き

同様にほかの絵カードも使い「付け足し」を「前置き」にする練習をします。

(2) 会話モデルの提示

物をほめる文脈で、X「あ、それいいですね」Y「あ、これですか。前置き＋コメント＋んです」X「へー、そうですか。いいですね」という流れで、モデル提示をします。次に別バージョンも導入します。

モデル会話：
1　X　：　あ、それ、いいですね。
2　Y1　：　あ、これですか。子どものときなんですが、誕生日にもらったんです。
3　X　：　へー、そうですか。いいですね。

モデル会話（別バージョン）
2'　Y2　：　これですか。2年前なんですが、日本で買ったんです。
2"　Y3　：　あ、これですか。安いんですが、使いやすいんですよ。

(3) その後の手順

(3)から(6)は 3.1.1 同様に行います。

＜注意点＞

(1)「付け足し」も「前置き」も内容を呼応させます。
　　例5：呼応していない例
　　　　a. これ、赤いんですが、プレゼントなんですよ。
　　　　b. これ、2年前なんですが、使いやすいんですよ。
　　例6：呼応している例
　　　　a. これ、古いんですが、使いやすいんですよ。
　　　　b. これ、2年前なんですが、友だちにもらったんですよ。

(2) 書きことばでは「これは」と「は」が必要になりますが、会話では「これ」と抑え気味に言いながらその物を提示します。

3.2　相手の発話に対して反応する

初級では質問に答える練習が多くなりがちですが、ここでは質問以外の発話に対する反応の練習を紹介します。

3.2.1　質問以外の発話に対して反応する練習

ねらいは、質問以外の発話に反応することで「ええ、そうですね」「ええ、(本当に) ＋＜(キーワードの繰り返し＞ですね) など関連したことを言います。トピックはA 共有知識や状況の話題（天候、季節、行事など）、B 個人的な体験報告の話題（「忘れ物した！」「これいいよ：物を見せる」）などがあります。

共有知識の話題では終助詞「ね」を合図に「ええ、そうですね」と受けて会話を続けます。個人的な話題は「え、＋質問」の枠で話題に関する反応が自然です。

反応の例：「おしゃべりをしよう」

A 共有知識／状況の話題	
X：暑いですね。もう夏です**ね**。	Y：**ええ、本当に**暑いです**ね**。
X：もうすぐ休みです**ね**。	Y：そうです**ね**。何かしますか。
X：宿題、難しかったです**ね**。	Y：**ええ、**難しかったです**ね**。
B 個人的な話題	
X：あ、忘れた！	Y：**え、**どうしたんです**か**。
X：あ、ない。	Y：**え、**何です**か**。
X：これ、見てください。買ったんです。Y：**え、**いいですね。どこで買ったんです**か**。	

＜応用＞

(1) 全員立ち上がり「立ち話」の状況で相手を変えやすくします。さらに相手を変えやすくするには二重円の形にするとよいでしょう。
(2) 「B 個人的な話題」は普通体で独り言として「あ、忘れた」などと会話を始める練習をすると自然な活動になります。

(3) 季節や天候に合わせて、普段から積極的に教師が挨拶などで使うと、学習者も教室に来たときに挨拶として話すようになります。授業の最後にはあとの予定を軽く聞くこともできます。例えば、X「あ、もう○時ですね」Y「あ、本当ですね。私は家に帰りますけど、Xさんは？」というやりとりです。このような小さな積み重ねが慣れや自信につながり自分なりの試行錯誤を促すことにもつながります。

3.2.2　質問に対して答える練習：もう一言

3.1と同様に、自分自身の答えに補足をして「もう一言」言います。例えば、X「今夜、どこかに行きますか」Y「あ、どこにも行きません。＋明日テストがあるんです」という具合です。

❹ トランズアクションの活動例

トランズアクションの活動は、知り合いとのやりとり（人間関係のある場面）と面識のない人とのやりとり（人間関係のない場面）の2つに分けて紹介します。

以下で紹介する活動では、教師が教科書などのシナリオから外れた発話も自然な範囲で織り交ぜることで、学習者の即時対応力も養うことが可能です。例えば、推薦状依頼のタスクで、「先生、ちょっといいですか」という発話に対して、「あ、テストのことですか」「質問ですか」と自然な範囲で即興で質問をしたり、日本に留学すると言われたときに「あ、どこですか」など、関連する質問をしたりするなどです。

4.1　すでに知っている人とのトランズアクション

まず、先生に依頼する場面の活動を紹介します。

活動7：先生に推薦状を依頼する

＜準備＞
いすを2脚用意します。（先生の研究室に行くという設定）

＜手順＞
(1) 動画などでスキーマ（第2部 第1章参照）を含むトランズアクションの流れを提示します。

トランズアクションの流れ：

学生　：　教師の研究室に入る前の挨拶（スキーマ）「今、ちょっとよろしいでしょうか」「お忙しいところ申しわけありませんが、ちょっとよろしいでしょうか」「失礼します」等教師の研究室に入る時会釈をする（スキーマ）。
　　　　お願いをする。
先生　：　学生の発話に応答する。
学生　：　お願いをする。面倒をかけることを詫びる（スキーマ）。
先生　：　詳細を質問し、承諾する。
学生　：　再度、お礼を言い、部屋を出る。研究室を出るときの挨拶（スキーマ）会釈をする。「では、よろしくお願いいたします。」「失礼します。」等。

(2) 活動7のモデル動画を作ると、スキーマ導入、トランズアクションの流れの紹介が明示できます。

＜会話例＞

1　学　生　：　（教師の研究室のドアをノックする）
2　先　生　：　はい。
3　学　生　：　（ドアを開けて会釈）あ、先生、今、ちょっとよろしいでしょうか。
4　先　生　：　はい、いいですよ。どうぞ。
5　学　生　：　失礼します。
6　先　生　：　はい、何でしょうか。

7 学　生：	実は、お願いがあるんですが。夏に日本に留学したいんですが、そのための推薦状を書いていただけないでしょうか。
	（中略）
8 学　生：	ありがとうございます。では、先生のメールアドレスを送らせていただきます。 先生に推薦状のリンクが送られると思います。
9 先　生：	はい、わかりました。では、書いて送っておきます。
10 学　生：	よろしくお願いいたします。 では、失礼します。（会釈して退室。）

(3) ペアワーク

　実際には学習者が先生側の発話をすることはないと思われますが、会話の流れをしっかり認識させるため、先生と学生の役に分けて練習します。学生側の発話ができるようになることがポイントですから、役を交代させ、ペアのどちらも学生の発話が練習できるようにすることが大切です。

(4) 練習の成果を発表（教師のフィードバック）

(5) 授業の教師（先生役）と実践

　即時対応力を養うためにアドリブも織り混ぜます。例えば、学生の依頼に対し、「ちょっと今月は忙しいので、来月まで書けないと思うんですが」「まだ、授業が始まって2週間なので、（学生）さんのことをあまり知りません。ちょっとオフィスに来て話を聞かせてくれませんか」といった返事が可能です。

4.2　知らない人とのトランズアクションの練習

　公共機関（郵便局、病院、駅）や商業施設（店、旅館）などで行われるやりとりの練習で、敬語も使われます。敬語は実際には定型表現の一部として使われるので、初級レベルでも未習か既習かにかかわらず、自然な発話に慣れることが大切です。客側からの積極的な挨拶は求められず、「あ、すみません」「あの、伺いたいんですが」といった呼びかけから始めることが特徴です。まず受動的な練習をし、次に能動的な練習へと移ります。商業施設などの場面では質問や依頼をするタスク設定が多数可能です。

> 活動8：コンビニで買い物をする

<準備>
人形、背景画像、動画などと絵カード、タスクカードを用意します。コンビニに関連のある実物教材（お弁当、飲み物、お箸、お金、キャッシュトレイなど）があると実際的になります。

<手順>
(1) 動画などでスキーマを含むトランズアクションの流れを提示します。

トランズアクションの流れ：コンビニでの買い物
店員： 客の入店時に挨拶の声をかける。（スキーマ）
客： （軽く会釈）買いたいものが見つからなければ聞く。
店員： 場所を教える／案内する。
客： お礼を言う。商品をレジに持って行って払う。
店員： 合計金額を告げる／ほかのサービスが必要かを聞く。
　　　（日本文化特有のスキーマ：ポイントカード、弁当を温める、はし、フォークなどが必要か）
客： 支払う／答える。
店員： お釣りとレシートを渡す／挨拶。
客： 受け取る／会釈。（スキーマ）

(2) 以下のような会話例のモデル動画を作り活用すると、スキーマ導入とあわせ、どのタイミングでどのように言うかが明示できます。目標文化特有のスキーマとの違いも認識しやすくなります。

会話例：「コンビニで買い物をしよう」
1　店員： いらっしゃいませ。
2　客： （会釈）あ、すみません。X、ありますか。／X、探しているんですが。／X、どこですか。
3　店員： はい。Xですね。こちらです。

4	客	:	あ、すみません。(商品を選ぶ) お願いします。(商品をレジに置く)
5	店員	:	(会計をしながら)ポイントカードはお持ちでしょうか。
6	客	:	あ、いえ、ありません。
7	店員	:	お弁当、温めますか。(お弁当の場合)
8	客	:	はい、お願いします。/あ、大丈夫です。(片手をあげて止めるようなジェスチャーをする)
9	店員	:	(会計が終わったら)490円です。
10	客	:	(支払う:キャッシュトレイにお金を置く)
11	店員	:	10円のお返しです。ありがとうございました。
12	客	:	(会釈)

(3) ペアワーク

客役には商品カードを、店員役にはタスクカードを用意します。

(4) 練習の成果を発表

(5) 教師（店員役）と実践

即時対応力を養うため教師はアドリブも織り交ぜます。例えば、「お手拭きをおつけしますか」「袋はご利用ですか」などの質問が可能です。

活動9：AIアシスタントに聞いてみよう

発音練習に特化したものですが、スマートフォンやAIアシスタントも活用できます。実際に音声認識でなされるサービスに対応する活動で、AIアシスタントに「東京は今何時？」などと話しかけ通じるかどうかを確かめます。適切な発音・スピードで話すことが要求され、即時反応があるので楽しんで練習できます。

❺ まとめ

　中級をめざすためには文レベルの発話の定着が必要です。自発的に発話できるように「会話を始め、続け、終える」方法を身につけ、授業では「もう一言」言うことを促すことが大切です。付け足しや前置きをする、相づちを打つ、コメントをする、質問をすることで自発的な発話が可能になります。発話を長くするには瞬時記憶スパンの延びるシャドーイングも効果的です。

　言いたいことが言えるようにするため、本章で紹介した活動などを通して、習った表現を自分で組み合わせ、組み替えることを促す機会を増やします。ペアワークで相手やトピックを変えて同じタスクをすることで可能になります。質問以外の発話にも慣れて反応できるように教師からも日常的に働きかけをし、自発的に雑談ができるように、教室でも「立ち話」や「独り言」の状況を作るようにすると変化が生まれて効果的です。

　同様に発話の即時対応力を高めるために、教師は基本のシナリオに自然な範囲でアドリブ的な発話も織り交ぜ実践的な会話を心がけます。また、初級から「あ、」「え、」や終助詞など会話に必要でありながら「周辺的」とされてきた表現を定型表現に組み込み練習することが重要です。このような練習を通して、学習者は中級の能力を身につけることが期待できます。

参考文献

Ajioka, M. & Kawanishi, Y. (2013). On increasing instructional emphasis on the differences between written and spoken grammars. In The Asian Conference on Education 2013 Official Conference Proceedings (pp.723-734). Osaka: ACE.

American Council on the Teaching of Foreign Languages (2024). *ACTFL proficiency guidelines 2024*. Alexandria, Virginia: ACTFL.

Dörnyei, Z. (1997). Psychological processes in cooperative language learning: Group dynamics and motivation. *The Modern Language Journal, 81*, (4), 482-493.

Schmidt, R. W. (1990). The role of consciousness in second language learning. *Applied Linguistics, 11*. 129-158.

植村研一(2009).「脳科学から見た効果的他言語習得のコツ」『認知神経科学』11(1), pp. 23-29. 認知神経科学会.

鎌田修・嶋田和子・堤良一(編) (2015).『談話とプロフィシエンシー──その真の姿の探求と教育実践をめざして─』凡人社.

川西由美子・味岡麻由美 (2014). 一般化タスク活動の意義と実践の提案：中級から上級へ. In N. Sonda & A. Krause (Eds.), JALT2013 Conference Proceedings. Tokyo: JALT.

2章 初級から中級をめざす活動

川西由美子・味岡麻由美

3 初級の学習者が中級をめざす授業

三浦謙一

❶ 中級へ導くために:「オーセンティックな場面の提供」「リサイクルの奨励」「補足」

2024年版ACTFLガイドラインにおいて中級は「身近な話題についての会話に参加し、簡単な質問をし、簡単な質問に答え、生活に必要な最低限の状況に対処する能力」とされています(サバイバルレベル)。このレベルの話者は「ホテルのフロントで近くのレストランについての情報を得る」「友人と出かける約束をする」といったトランズアクションや「はじめて会った近所の人に自己紹介をする」といった日常で必要とされる会話ができます。

この「サバイバルレベル」に学習者を導くにあたり、文法、語彙を増やすことが必要であることは言うまでもありません。しかし、ただそれだけでは学習者のプロフィシェンシーは初級にとどまる危険性が大きいと言えます。

ここで従来の教科書の構成について考えてみましょう。教科書は第1課、第2課というように課から構成されています。各課には必ず新出語彙、文法項目があります。多くの場合、課の内容にはそれらの語彙、文法を使ったモデル会話、話す練習、読解、聴解練習などが含まれています。教科書の話す練習の例は紙面の関係もあり新出語彙、文法が中心となっていることが多いと言えます。例えば次のような例を考えてみましょう。

友だちに聞きましょう。
「XXたことがありますか」
(1) 日本に行く　　(2) すきやきを食べる
(3) 有名人に会う　(4) じゅぎょうをサボる

言うまでもなく、(1)は「行く」という動詞の形を変えて「日本に行っ

たことがありますか」という質問を作る練習です。ペアワークの場合、答えは「はい、あります」または「いいえ、ありません」などの答えが想定されます。これは、「動詞を活用させて正しい文を作る」ことを目的としており、新しい文法の習得において必要な練習です。しかし、これがこの文法項目の話す練習のすべてであるとすれば、中級のプロフィシェンシーをつちかう上で不完全であると言わざるを得ません。まず、この練習は動詞を置き換えて文を作る練習であり、創造的に言語を使用する能力という中級の「機能・総合タスク」の練習とはなっていないからです。また、「日常生活に必要な会話のやりとり」という要素も欠けています。

　このような「文法練習」を中級のプロフィシェンシーを養うための練習に広げるために教師がすべきことは、「オーセンティックな場面の提供」「文法、語彙のリサイクルの奨励」「会話、トランズアクションに必要な要素の補足」があげられます。この３つの要素を前述の文法項目の練習に照らし合わせて考えてみましょう。

　まず、「XXた＋ことがあります」という経験を述べる文はどのようなトランズアクションで使うでしょうか。一つの例は何かの情報を得たいとき、話し相手がその情報を持っているかを確認するときです。例えば、「ねえ、日光行ったことある？」と聞く場合、聞き手は行ったことがあるか否かだけを聞きたいのではありません。ここで会話が終わるのではなく、情報を聞く、勧誘をする、自分の情報を伝える、など、さまざまな形で会話は進展します。

　では、この文法項目をコンテクストに入れて使うため「春休みにロサンゼルスに行きたいと思っている。空港からの交通機関の情報をクラスメートから入手する」（情報提供の依頼）というオーセンティックな場面（タスク）を想定しましょう。ここで必要とされるのは、「ロサンゼルスに行ったことがありますか」という目標とする文法項目のほか、さまざまな既習の項目です。例えば、前に習った「（交通機関）で（時間／料金）かかる」、「XとYとどちらが」、「Xと思う」といったさまざまな表現、語彙を「リサイクル」して使用することが不可欠です。また、質問をする能力も必要とすることは言うまでもありません。つまり、このタスクには「既習の文法語彙、その他の知識を総動員して自

分が言いたいことを表現する」という中級の能力が含まれているのです。このようなタスクを多く取り入れることにより教師は学習者を中級へ導くことができます。

　次に、再びオーセンティシティーについて考えてみましょう。学習者が上記のタスクを始めるとき、次のように始めることが予想されます。

　A　：　ロサンゼルスに行ったことがありますか。
　B　：　はい、ありますよ。

　しかし、実際の場面では、いきなり「ロサンゼルスに行ったことがありますか」と聞くのはあまりにも唐突ですし、不自然です。教師は話の進め方、ストラテジーに関しても強調するべきです。例えば、「もうすぐ春休みですね」とか「あの、すみません、ちょっと聞きたいんですけど、いいですか」などの始め方が効果的でしょう。教師はこれ以外にもさまざまな始め方を提示して、学習者が自分に合った聞き方ができるように導くことが理想的であると言えます。また、話の始め方以外に「そうですか」「そうですね」等の話を円滑に進めるための表現、「へえ」「ええ？！」等の感動詞、「1時間ですか（相手の発話の一部を繰り返す）」のような日本語に特有な受け答え等も随時導入することも必要です。教科書は文法、語彙中心のものが多いですから、教師がこれらの要素を補足するべきだと言えるでしょう。

　このようなタスクには「正解」はありませんし、さまざまな「やりとり」「会話」が可能です。この無限の可能性が学習者を刺激し、「メカニカルドリル」を超えて人間としてのコミュニケーションをしようとする意思をわき立たせます。そのコミュニケーション能力が中級の能力なのです。例えば、次のような対話が可能でしょう。

　ジョーンズ　：　あの、すみません、ロイスさん、ちょっといいですか。
　ロイス　　　：　はい、何でしょうか。
　ジョーンズ　：　ロサンゼルスに行ったことがありますか。
　ロイス　　　：　はい、ありますよ。去年行きました。

ジョーンズ	：	あ、そうですか。僕、春休みに行くんですけど、空港からダウンタウンまで、何が一番便利ですか。
ロイス	：	そうですね。私はUberで行きましたけど。
ジョーンズ	：	Uberですか。いくらぐらいかかりますか。
ロイス	：	そうですね。友だち3人と一緒に行きましたから、一人10ドルぐらいでした。
ジョーンズ	：	あ、そうですか。僕も友だち3人と一緒です。じゃあ、Uberがいいですね。ありがとうございました。
ロイス	：	いいえ、どういたしまして。

トランズアクション、会話において一つの文法項目は主役ではありません。主役はあくまでも「情報を得る」「勧誘する」「約束をする」「会話を楽しむ」といった目的です。新しく習った文法を「名脇役」としてほかの要素とともに使用する練習を重ねてこそ、学習者は「サバイバルレベル」である中級に達することができると言えます。

❷ 中級へ導くために：授業案

中級レベルの話者は「サバイバル」の能力を有しています。サバイバルのためには、日常生活で必要なトランズアクションや身の回りの人々との簡単な会話ができることが必要とされます。この節では前節で述べた「オーセンティックな場面の提供」「リサイクルの奨励」「補足」という3つの点を取り入れた授業案を紹介します。

2.1　日本語らしい表現、受け答え

初級レベルは習ったものを思い出して、覚えたままの形（またはそれに近い形）で発話するレベルです。そのため、初級の話者が産出できるものは「紋切り型」であり、「おうむ返し的」であると言えます。これに対して中級レベルの話者は習ったものを組み替えたり、組み合わせたりして自分が言いたいことが表現できます。加えて、この能力を使って「まとまり」のある話ができることが必要になります。

「まとまり」を考えるとき、必要になるのが日本語らしい受け答えです。例えば、相づち、ちょっと考えるときの表現、フィラーなどがあ

げられます。これらを効果的に使用することにより、よりスムーズな会話、トランズアクションが可能になります。初級から中級に移行する時期にこれらの表現の使い方を紹介し、適当な場面で取捨選択しながら使うように指導しておくとよいでしょう。次にその例をあげます。

① 話を切り出す
「〜のことなんですけど」「ちょっとお願いがあるんですが」「ちょっといいですか」等
② 相づち
「はい、そうですか」「そうですね」「Xですか」（相手の発話の一部を繰り返す。例：「箱根に行ったんですよ」「箱根ですか」）等
③ 感動表現
「へえ、ええ？」「すごいですね」「そうですか！」等
④ ちょっと考える
「そうですね」「Xですか」（相手の質問の一部を繰り返す。例：「週末、何をしましたか」「**週末ですか**。ええと、レポートを書きました」）等
⑤ フィラー
「あの」「ええと」「まあ」「その」等

2.2 会話の授業案

中級レベルに達するためには「身近な話題」（「場面・内容」）について「習ったり覚えたりした項目を組み合わせて簡単な状況に対処でき」（「機能・総合タスク」）「簡単な質問ができ、簡単な質問に答えられる」（「機能・総合タスク」）という能力が必要とされます。社交が目的である「会話」の練習の際も、まずそれらを考慮に入れるべきです。ここでは、2つの会話の授業案を紹介します。

2.2.1　会話の授業案1：トピック会話（「一番」という文法を使って）

「トピック会話」とは、一つの話題に関して新しく学習した文法（または復習として既習の複数の文法）を使って会話を進める練習です。中級レベルの話題は「身の回りの話題」ですから、教師はまず、学習者の日常生活から話題を提供します。学習者が大学生である場合は、「出

身の町、クラブ活動、映画、ルームメート、アニメ、レストラン」などの話題が効果的でしょう。

次に教師はトピック会話練習の趣旨を学習者にしっかり提示することが必要です。中級レベルをめざすことを考えて、筆者は次のような目標を学生に伝えています。

① 新しく学習した文法を効果的に使う
② 既習の語彙、文法を多く使う
③ 自然な始め方、自然な反応、受け答えができるようにする
④ 話題についてなるべく多く話す（フォローアップの質問をする）

練習を始める前に、まず、どのような始め方があるかを考えます。ここで大切なのは、さまざまな可能性を提示することです。中級に至る前の学習者はともすれば同じ表現を常に使ってしまう傾向にありますから、創造的に言語を使用する能力を養う意味で、いろいろな始め方を紹介し、それらを組み替えて使えるようにすることが重要です。

例えば「一番XX」という新出文法を使って「アニメ」という話題について話すというタスクを考えましょう。まず、教師はさまざまな会話の始め方を紹介します。「この前、Aというアニメを見たんですけど、Xさんは見ましたか」「それ、アニメのTシャツですね。アニメが好きですか」「私はよくアニメを見ますけど、Xさんは？」などの始め方が紹介できるでしょう。そのあと、教師は「目標」をどのように達成することができるかを示すため、一人の学生と会話例を提示します。便宜的に各発言にアルファベットをつけて提示します。

教師　（A）：　ブラウンさん、それ、アニメのTシャツですね。
ブラウン　（B）：　はい、『ONE PIECE』のシャツです。ネットで買いました。
教師　（C）：　そうですか。ブラウンさんはアニメが好きですか。
ブラウン　（D）：　はい、大好きです。
教師　（E）：　（沈黙）

ブラウン	（F）	：あ、あの、子どものときに『ポケモン』を見ました。すごくおもしろかったです。だから、好きになりました。高校生のときもたくさんアニメを見ました。
教師	（G）	：あ、そうですか。一番好きなアニメはなんですか。
ブラウン	（H）	：そうですね……。最近、『鬼滅の刃』が一番好きです。
教師	（I）	：へえ、『鬼滅の刃』ですか。
ブラウン	（J）	：はい。
教師	（K）	：（沈黙）
ブラウン	（L）	：あ、先生は『鬼滅の刃』を見たことがありますか。
教師	（M）	：いいえ、ないんですよ。
ブラウン	（N）	：あ、そうですか。今、とても人気があります。先生は子どものとき、どんなアニメを見ましたか。
教師	（O）	：うーん、そうですね。『ガッチャマン』とか。
ブラウン	（P）	：『ガッチャマン』ですか。私は知りません。どんなアニメですか。

　教師は「アニメ」という話題で会話を始めるにあたり、（A）でブラウンさんのTシャツに関するコメントをしています。その後、（C）で、本題のアニメについて質問しています。このような流れを示すことは、実際の会話では会話の中から話題が生まれることを認識させるためです。教師の問い（C）に対してブラウンさんは「はい、大好きです（D）」とのみ答えています。教師はこの答えだけでは不十分であると判断し、（E）の沈黙によってブラウンさんにもっとたくさん話せることを示しています。ここでブラウンさんは、自分が言えることをできるだけ多く話すという目標を思い出し、自分の日本語の知識を総動員して自分とアニメの関係についての情報を伝えています。これが創造的に言語を使用する能力を養うための練習です。そのあと、教師はこの会話の中で（G）で「一番」という文法の使い方を示しています。この質問によって話題は一番好きなアニメに移りますが、ここでも教師は沈黙（K）して、ブラウンさんが率先して会話を続けるように促しています。ここでブラウンさんは教師に話題のアニメを見たことがあるか質問しています。これは、答えによって新しい話の流れを模索しようという意図からです。実際、この質問（L）によってそれまで答え手であった

ブラウンさんは聞き手に回り、さらに会話は続いていきます。

　中級の会話はこの例に見られるようにキャッチボール的です。このような自然なやりとりができるようになるように会話モデルを示す際に教師は「もっと話せる」という合図を与えることが効果的です。ここでは沈黙によってそれを知らせていますが、「それから？」と、さらに発話を促すこともできます。このような教師側の会話の進め方は、OPIの進め方の応用であると言えます。OPIテスターは、中級レベルの能力を測定するにあたり、開放型質問（open-ended question）を使い、フォローアップを効果的に使用して中級の能力を維持しているかを確かめます（三浦、2020, p.72）。同様に教師の役割は学習者が自分の能力を最大限に発揮しつつタスクを遂行することを促すことです。

　学習者がF、Lのように履修項目をリサイクルして答えられなかった場合は、教師は「例えばこういうことも言える」という助けを出します。しかし、全文を与えてしまうのではなく、Fの場合、「いつから？」「どんなアニメ？」など、話せる内容を提示し、学習者に自分で文を作らせるのが効果的です。このような練習を積み重ねることにより、「覚えたものを口に出す（初級）」から「言いたいことを言う（中級）」へのスムーズな移行が可能になります。

　教師が一人の学習者と例を示したあと、同じ話題に関して学習者同士でペアワークをします。ここで大切なのは、例とまったく同じ流れではなく、自分で考えて会話を進めるように指示することです。ペアワークの練習の間、教師は、フィードバックを与えたり、発話の間違いを直したりしつつ机間巡視をします。その際、次のような点に注目することが効果的です。

① 文法、発音、語彙の間違いを直す
② 話し手、聞き手が適当な受け答えをしているかをチェックする
③ 話し手の発話量が十分であるかをチェックする
④ 会話が「キャッチボール」になっているかをチェックする
⑤ 新出文法がコンテクストの中で正しく使えているかをチェックする

　語学教師はともすれば文法の正確さに注意をしがちであり、そのた

めに不自然な会話を使って授業をしてしまうことがあります。しかし、前章に述べられているように「中級レベル」のプロフィシェンシーに必要なのは「既習事項を組み合わせたり組み替えたりしながら身の回りの話題に関して自分が言いたいことが言える」ことであり、「動詞が正しく活用できる」ことは、その中の「脇役」であるのです。教師は脇役にも注意を払いつつ、目標が達成できているかを中心にフィードバックを与えるべきです。

教科書で紹介される文法の種類によっては、文法項目がそのままトピックとして利用できるものもあります。例えば動詞の可能形を学習したあとは、「日本でしか食べられない物」「友人の特技」などのトピックが可能です。これらのトピックについて話す過程で、新しい文法項目がいろいろな場合に使えることを認識して、実際のコンテクストの中で使う練習ができます。このようにさまざまな身の回りの話題について話す練習を通して中級の能力は定着していくでしょう。

2.2.2　会話の授業案２：教室から外へ

授業という形態上、学習者は教室で椅子に座って授業を受けるという形が一般的です。しかし、実際の場面では座って面と向かって話すというスタイルのほか、歩きながら話すこともありますし、複数で会食しながら話すこともあるでしょう。そのような場面を授業で作り出すことは難しいですが、実際の状況に近い場面を作り出すことは可能です。

例えば、トピック会話の応用として「大学の案内をする」というタスクを紹介しましょう。このタスクは、基本動詞（現在形、過去形）、イ形容詞／ナ形容詞（現在形、過去形）、場所を表す表現、等の復習として行うことが可能です。会話をなるべく自然なものにするために、大学をよく知る上級生とあまり知らない下級生をペアにするとよいでしょう。このタスクで学習者に提示する目的は次の通りです。

① 自分が知っている語彙、文法を多く使う
② 自然な始め方、自然な反応、受け答えができるようにする
③ 話せる話題を見つけて話題についてなるべく多く話す。（フォローアップの質問をする

これは、トピック会話における目的とほぼ同じですが、(3)の「話せる話題を見つける」という項目が増やされています。これは大学内をただ案内して「あれは体育館、これは学生会館」という情報を与えるだけではなく、行事、先生、授業といった可能な話題を膨らませて情報を提供する、つまり、「自分の日本語の知識、能力を総動員して情報を提供する」という能力を養うためです。このタスクは教室の外へ出て、実際に学内を歩きながら行うものですが、その前にトピック会話と同じように教師は目標を提示し、モデルを示しておく必要があります。また、屋外での活動中、教師は適宜各ペアの間を巡回し、トピック会話と同じ点に留意しつつフィードバックを与えます。また、巡回が無理な場合には、あとで教室で内容を発表させることも可能です。それにあたって、話題に出た場所の写真を携帯で撮らせておくとよいでしょう。情報をもらった学生はクラスメートに写真を見せながら、得た情報について発表し、教師はこれにフィードバックを与えることができます。

会話例を次に示します。

チェン（上級生） ： あれは音楽学部の建物です。知っていますか。
リー（新入生） ： はい、知っています。授業があります。音楽の授業です。
チェン ： あ、そうですか。どんな授業ですか。
リー ： 音楽の歴史の授業です。ちょっとつまらないです。
チェン ： へえ、そうですか。どうしてつまらないですか。
リー ： 先生は、いつも話しますけど、学生は話しません。
チェン ： あ、そうですか。私は、音楽の授業はぜんぜん取りませんでした。あ、あれは、パーカージムです。
リー ： パーカージムですか。
チェン ： はい、去年、日本の太鼓のパフォーマンスがありました。すごくよかったですよ。リーさんは日本の太鼓を見たことがありますか。
リー ： 太鼓ですか。いいえ、まだありません。

このような練習をしたあと、教室に戻り、情報交換をすることもまとめとして有益な活動となるでしょう。

2.3 トランズアクション

　トランズアクションとは、勧誘、依頼、情報を得る、許可を得る等、「利益を目的として情報をやりとりし、目的を達成する」ことです。言い換えれば、トランズアクションにははっきりとした目的があります。そのため、第1節で述べたようにトランズアクションの練習は使用できる文法が強調され、結果として練習も不自然なやりとりになりがちです。しかし、教師は「会話」と同じように中級レベルに必要な能力を考慮しつつ学習者を指導することが大切です。

　トランズアクションの練習は実際の場面を想定した「ロールプレイ」が効果的です。例えば、実際の場面で「道を尋ねる」という状況（サバイバルに必要な能力：中級）が考えられます。これを練習するために実際にその状況に置かれていると仮定して行うトランズアクションがロールプレイです。第1章に述べられているようにロールプレイは状況を細かく設定することが必要です。ただ、「美術館に行きたいので、行き方を尋ねる」では、オーセンティシティーに欠けますし、答えるほうも答えようがありません。どの美術館なのか、今どこにいるか等の情報を与えておくことが必要です。また、答える側にもその美術館の場所、生き方などの情報をあらかじめ与えておき、質問に答えられるようにしておきます。

　さらに、ただ情報を得るだけではなく、「会話」と同じように、話の始め方、進め方も練習することが中級の能力達成につながります。加えて、トランズアクションにおいては目的を達成したあと、話を終えることも必要となります。

2.3.1　トランズアクションの授業案１：許可「～てもいいです」

　許可を取るという目的に使われる文法に「てもいいですか」という文法があります。これを使って中級をめざす練習をするにあたり、まず、この文法を使った文が作り出せるようにメカニカルドリルをします。「て形」の練習、「Aという場所では何をしてもいいか」という練習（例：「日本語の授業では飲み物を飲んでもいいです」）等がこれにあたります。

　このあと、トランズアクションの練習に移ります。この文法を使うロールプレイには次のようなものが考えられます。

A

役： 日本でホームステイをしている留学生
設定： 授業のあと、友だちを家に連れて来たいと思っています。ホストのお父さん／お母さんにいいかどうか聞いてください。いい場合は、日時を決めてください。

スケジュール：
10月10日（月曜日）：今日
10月11日（火曜日）：日本語の授業のパーティー
10月12日（水曜日）：何もない
10月13日（木曜日）：何もない
10月14日（金曜日）：友だちと出かける

B

役： ホームステイ先のホストのお父さん／お母さん
設定： Aさんの学生生活に興味を持っています。Aさんが質問しますので、答えてください。

スケジュール：
10月10日（月曜日）：今日
10月11日（火曜日）：何もない
10月12日（水曜日）：お客さんが来る
10月13日（木曜日）：晩ごはんを食べに行く
10月14日（金曜日）：何もない

このようなロールプレイをするにあたり、筆者は次のような目標を学習者に伝えています。

① 自分が知っている語彙、文法を多く使う
② 自然な始め方、反応、受け答え、終わり方ができるようにする
③ フレキシブルに対応する
④ 新しく習った文法（「～てもいいですか」）を効果的に使う

　この目標を示したあと、学習者の一人とモデルを示し、ペアワークに移ります。モデルを示す際の注意事項、ペアワークの際のフィードバックに関する注意事項は「会話」と同じです。
　このロールプレイは、「友だちを連れて来てもいいですか」という文法項目を「名脇役」として使用するタスクです。それには、会話の始め方、予定が合わないときの対処の仕方、予定の決め方等に関しても総合的に練習する必要があります。
　「フレキシブルに対応する」という目標は、実際の場面に近づけるという目的があります。ロールプレイの中の留学生とホストファミリーのお父さん／お母さんの予定は合わないように設定されていますが、このような場合、留学生が予定を変えることも可能でしょうし、お父さん／お母さんが一緒に食事に行くことを提案することも可能です。また、週末に予定することもできます。つまり、「あらかじめ答えが決まっているのではなく、両者が可能性を模索しつつ決める」という実際のトランズアクションに近いインターアクションが可能なのです。また、それによって、必要とされる既習の文法、語彙、ひいては発話の量も多くなります。
　ロールプレイにも決まったシナリオ、進め方はありませんが、次のようなトランズアクションができることが目標とされます。

　　　留学生　　　　　：あの、すみません、ちょっとお願いがあるんですが。
　　ホストファミリー　：あ、はい、何ですか。
　　　留学生　　　　　：この前話した友だちのサラさんなんですけど。
　　ホストファミリー　：ああ、はい、サラさん。

留学生	：	今度、家に連れて来てもいいですか。
ホストファミリー	：	はい、もちろん。いつがいいでしょうねえ。
留学生	：	今週は、火曜日と金曜日は授業のあと、予定があります。水曜日と木曜日は大丈夫です。
ホストファミリー	：	あ、そうですか。水曜日はお客さんが来るし、木曜日は晩ごはんに出かけるから、ちょっと無理ですね……。金曜日は大丈夫なんですけど。
留学生	：	金曜日は友だちと出かける予定なんですけど。あ、でも、出かけるのは、来週にできます。今週の金曜日、授業のあと、サラさんを連れて来てもいいですか。
ホストファミリー	：	大丈夫ですか。無理しなくても来週でもいいですよ。
留学	：	いえ、大丈夫です。じゃあ、サラさんにも聞いてみます。ありがとうございます。

　このロールプレイを通じて練習できるのは、「～てもいいですか」という文法項目の使い方です。それに加えて、「許可を取るというトランザクションにおけるさまざまなやりとりの仕方」、また、「必要な既習の文法を実際の場面に近いコンテクストに入れて使う能力」です。学習者が新しく習った「～てもいいですか」という文法はこのようなコンテクストで使えてはじめて「脇役」として最大の効果を発揮し、学習者は中級レベルのプロフィシェンシーが養えるのです。

2.3.2　トランズアクションの授業案２：依頼

　学習者が学習した語彙、文法が増えるにつれ、一つの文法を中心とした練習に加えて、さまざまな語彙、文法を総合的に使用する練習も必要になります。これは創造的に言語を使用する能力という、中級に必要な能力をしっかりと定着させるためです。そのためには、「依頼」「勧誘」「情報を得る」等の目的を選び、「日常生活にありそうな状況」のトランズアクションをロールプレイで練習しておくことが理想的です。次のロールプレイを考えてみましょう。

A

役： 日本に留学している留学生

設定： 国際免許を日本の免許に書き換えたいと思っています。書類はそろえましたが、心配なので、日本人の友だちに運転免許センターに一緒に行ってもらいたいと思っています。友だちにお願いしてください。

運転免許センターの情報：
　場所：新宿
　受付時間：午前8:30〜午後3:00

あなたの予定：毎日午前中授業。午後1時からは暇。

B

役： 外国人留学生Aさんの日本人の友だち

設定： 留学生の友だちがあなたにお願いをします。手伝ってあげてください。

あなたの予定：
　月、水、金：授業　午前10:00〜午後2:30
　火、木：授業　午前9:00〜午後1:30
　10月14日（金曜日）：何もない

　このトランズアクションで留学生役の学習者に必要とされるのは「状況を簡単に説明する」「友だちに依頼する」「日時を決める」などのタスクです。このようなタスクをするにあたり、使える文法、表現は一つだけではありません。例えば、依頼の表現には、「してほしい」「してくれませんか」「てもらってもいいですか」等、さまざまなものがあります。また、日時を決めるためにはどんな言い方ができるかを「習ったもの、知っているもの」の引き出しの中から出して使うことも必要

です。言い換えると、使えるものを選び、組み合わせ、組み替えて自分の言いたいことが表現できる能力をつちかうための練習です。

次のような会話が例として考えられます。

ハン（留学生）	：	ひろさん、あの、ちょっとお願いがあるんですけど。
ひろ（日本人の友だち）	：	え、何ですか。
ハン	：	国際免許の期限が来月ですから、日本の免許に変えたいんです。
ひろ	：	あ、免許。はい。
ハン	：	それで、免許センターに行きます。でも、日本語が下手ですから、ちょっと心配です。一緒に行ってくれませんか。
ひろ	：	あ、いいですよ。どこですか、免許センターって。
ハン	：	新宿です。
ひろ	：	ああ、じゃあ、近いですね。いつがいいですか。
ハン	：	センターは、8時半から3時までです。私は毎日12時まで授業があります。
ひろ	：	12時までですね。私は、木曜日は1時半まで授業だから、そのあとだったら大丈夫ですよ。
ハン	：	いいですか。じゃあ、今週の木曜日は。
ひろ	：	はい、もちろん。
ハン	：	ありがとうございます。じゃあ、授業が終わったら、LINEください。よろしくお願いします。
ひろ	：	はい、了解です。

繰り返しになりますが、この例以外にも多くのやりとりが可能です。このような中級のトランズアクションができるようになるように、前述の項目に関して注意を促しつつ学習者を導くことが効果的です。

❸ まとめ

中級をめざす授業では、文法、語彙を増やすことも大切ですが、それだけでは「身の回りの話題について自分が言いたいことが話せる」という能力をつけることはできません。教科書にそのような練習が含

まれていない場合、オーセンティックな場面での会話、トランズアクションの練習を授業に取り入れることが必要となります。嶋田（2020）は「答えが一つではない楽しさ」が対話力をつける鍵であると述べています（pp.134-136）。オーセンティックな場面を想定した練習はまさに答えが一つではないやりとりであり、学習者は楽しみながら自らの答えを作り出し、対話力を養うことができます。

　ここに紹介した例のほかにも学習者を中級へと導くためのさまざまなタスクがあります。既成概念、従来の教え方にとらわれず、学習者が実際の場面で「サバイバル」できるようになる練習を多く取り入れることが教師の役割であると言えるでしょう。

参考文献

American Council on the Teaching of Foreign Languages (2024). *ACTFL proficiency guidelines 2024*. Alexandria, Virginia: ACTFL.

Swender, E., & Vicars, R. (2012). *ACTFL Oral proficiency interview tester training manual*. White Plains, NY: ACTFL.

三浦謙一 (2020).「OPIのインタビューを学ぶ―インタビューと判定の留意点―」鎌田修・嶋田和子・三浦謙一(編),『OPIによる会話能力の評価―テスティング、教育、研究に生かす』(pp.60-85). 凡人社.

嶋田和子 (2020).「教師の成長を支えるOPI―教師が変われば、授業が変わる―」鎌田修・嶋田和子・三浦謙一(編),『OPIによる会話能力の評価―テスティング、教育、研究に生かす』(pp.122-150). 凡人社.

第3部　中級レベルの指導

1 中級から上級へ
―何ができるようになることが必要か―

渡辺素和子

❶ はじめに

　この章では、中級レベルの学習者を上級レベルへと導くために、「機能・総合タスク」「場面・内容」「テキストタイプ」に焦点を絞って、上級レベルの基準の理解を深めていきます。まず、中級と上級を比較してみましょう。表1は、中級レベルと上級レベルの基準の4項目（「機能・総合タスク」「場面・内容」「正確さ・理解難易度」「テキストタイプ」）の要点を示したものです。

　また、2024年版ACTFLガイドラインでは、上級レベルの話者について、下記のようにまとめています。

　上級レベルになると、「機能・総合タスク」では、ナレーションや描写ができて、積極的に会話に参加できるようになります。中級の話者は予測可能な場面に対応できるのに対して、上級では、不測の事態にも対応できる力が求められます。「場面・内容」においては、中級では、自分のことについての話題が中心ですが、上級では、それに加えて地域社会など一般的に扱われる話題も話すことができるようになります。また、「テキストタイプ」は、中級のそれが文レベルなのに対して、上級では、段落レベルの発話が要求されます。

表1　中級レベル・上級レベルの基準比較

	機能・総合タスク	場面・内容
上級	語り（ナレーション） 描写 不測の事態に対処できる	自分に関連した話題・一般的な話題
中級	言語を使い創造する 簡単な質問ができる トランズアクションができる	日常生活に関する話題 簡単・予測可能な生活場面

> 上級レベルの話者は、日常会話や日常的な仕事関連のコミュニケーションに参加し、地域社会、国内、国際的な社会問題について話すことができる。その際、過去・現在・未来時制を使い、ナレーションや描写によって具体的に内容を伝えられる。このレベルの話者は、事実を報告したり、簡単な提言をしたり、直接的な説明、指示、指示、ナレーションを提供し、議論の中で見解を表明し、予測不可能な社会状況に対処することができる。上級話者は、順序立てたり、まとまりを持たせるために文を結びつけたりして段落レベルで話す発話能力と語彙の幅広さを有している。母語、学習したほかの言語のアクセント、イントネーション、声調(声調言語)の影響が顕著に見られることがあるが、コミュニケーションに支障をきたすことはほとんどない。上級レベルの話者は、主要な歴史的または文化的事項に言及でき、文化的および社会的規範もある程度理解している。さらに、気分、感情をことばで伝えることができる場合もある。

(ACTFL, 2024) ※下線は筆者による

本章では、まず上級の最も重要な特徴である、ナレーションと描写について定義をし、ナレーションと描写を指導する上での注意点を説明します。次に、もう一つの「機能・総合タスク」の「不測の事態の対応」について詳述します。最後の❹❺では、上級で要求される「テキストタイプ」の「段落」、また、「場面・内容」の「一般的な話題」について説明し、これらについても指導上の留意点に触れます。

正確さ・理解難易度	テキストタイプ
非母語話者に不慣れ相手に理解してもらえる	段落
非母語話者に慣れた相手に理解してもらえる	文

❷ ナレーションと描写

　前出の上級レベルの基準にあったように、上級話者は、さまざまなトピックを、「過去、現在、未来の時制枠で語り（ナレーション）と描写を通して」話すことができると規定されています。このナレーションと描写は、どういう「機能・総合タスク」でしょうか。

2.1　ナレーション

　ACTFL OPI テスター養成マニュアル（2012）で、ナレーションは次のように定義づけられています。

> Narration
> The ability to relate a series of events or activities in a logical and chronological order and to tell these stories in connected discourse of paragraph length. Advanced-level narration may include foregrounding and backgrounding, may reflect limited or good control of aspect, and may or may not be integrated with accompanying description. (Swender & Vicars 2012, 43)
> ナレーション
> 一連の出来事や活動を論理的かつ時系列に沿って伝え、結束性のある段落の長さの談話でこれらのストーリーを話す能力。上級レベルのナレーションは、前景化と背景化を含むこともある。また、アスペクトのコントロールは、限られている場合もあれば、いいコントロールの場合もあり、描写が織り込まれている場合もあれば、そうでない場合もある。

(Swender & Vicars, 2012, 筆者訳)

　この「ナレーション」とは、いわゆる過去の体験談や何かのやり方、手順の説明など、一連の出来事を起こった順に、または、一連のするべき作業などを、順を追って語っていく行為を指します。典型的な例は、映画や物語のあらすじ、失敗や成功の経験といったエピソード、料理の作り方、留学の申し込みの手順、次の休みの予定などを語ることです。以下は、「経験談」の例です。

X：「きのう、学校に行ったんですけどね、教室に入ったら、だれもいないんですよ。あれ、おかしいなぁと思って、『ゼミ、今日からだったよね?』って佐藤さんにメッセージ送ったんですね。そしたら、『ゼミは来週からでしょ?』って。休みぼけで、一週間早く行っちゃったみたいです。時々こういう失敗するんですよね、私って。」

このような、ちょっとした個人的な体験談をはじめ、映画、小説、漫画、アニメ、おとぎ話、昔話のストーリーなどは、出来事の始まりがあって、ストーリーが展開して、なんらかの結末があって、終わります。

また、過程や手順の説明もナレーションです。例えば、「お湯を沸かして、パックを入れて、温めたら、ご飯にかけてできあがりです」というような料理の手順や、「第一次の書類選考に通ったら、次は面接があって、最後に社長に会ったら、採用されるかどうかが決まります」という就職のプロセスなどです。これらは、ストーリーや体験談と同様に、最初のステップから始まって、いくつかの段階を経て、最終のゴールに到達します。

ここで、もう一つ重要な点は、「時系列に沿って」という部分で、これが、描写と異なる点です。ストーリーにしても、過程や手順にしても、ナレーションでは、出来事や活動や段階の順番が重要です。もし順番が変わったら、それは、別の体験談、ストーリー、手順になってしまいます。描写は、特性が複数ある場合、順番が変わったとしても、対象物は同じものです。例えば、「私の車は、新しくて、4ドアで、黒いです」と言っても、「私の車は、黒くて、4ドアで、新しいです」と言っても、「私の車」がどんな車であるかということに変化はありません。一方、体験談は順序を変えると、体験した内容自体が変わってしまいます。「昨日、田中さんに会って、お茶を飲んで、家に帰りました」と言うところを、「昨日、家に帰って、お茶を飲んで、田中さんに会いました」のように、3つの行為の順番を変えると、別の出来事が生じたことになります。

このナレーションと描写の違いをふまえて、次のOPIの例を見てください。

```
1  OPIテスター  ： そのプログラムではどんなことしたんですか。
2  ジョン      ： 歌舞伎の見学に行ったり、富士山に登ったり、座禅を
                体験したりしました。
```

ジョンさんは、過去の体験について話しています。しかし、歌舞伎の見学と富士山登山と座禅の3つの行為の順序はわかりません。ナレーションに「時系列に沿って」という特徴があることを重視するのであれば、このジョンさんの答えは、ナレーションとは言えず、過去の体験の「描写」をしていることになります。

また、未来という時制でのナレーションをする場合も、過去の体験談と同じように描写かナレーションか区別がつかなくなることがしばしばあります。次の予定の例を見てみましょう。

```
1  テスター ： 今週末の予定は？
2  ジョン  ： まぁ、ちょっとゆっくり休んで、家族サービスしたり、部
            屋の片付けをしなくちゃいけないんで、それもやらなきゃ
            いけないんですけど、まぁ、少しリラックスできればいい
            なぁと思ってます。
```

この答えは、確かに「今週末の予定」という内容になっていますが、厳密にいうとナレーションではなく、描写です。理由は、上記の過去の体験と同じように、ゆっくり休む、家族サービスをする、片付けをするという行為に順序が示されておらず、主だった行為を列挙することで、全体的にどのように週末を過ごすかを表しているからです。

このように、ナレーションと描写は、「体験談」「説明」「今後の予定」という題名でくくった場合、区別がつかなくなることがありますが、「行為の順番」という点をおさえると、その違いが明らかになるはずです。

2.2 描写

「描写」というのは、「どんな○○ですか」という質問に対する答えとなるようなもので、人、場所、物などについての形、色、性格、特徴、性質などさまざまな特性を述べることです。例えば、「あなたの親

友はどんな人ですか」と聞かれれば、その人の身体的な特徴（背が高い、やせている）、性格（やさしい、のんき）、職業等（学生、会社員）、行動パターン（ゲームばかりしている）、その他もろもろのその人を特徴づけるプロフィール（家族がおもしろい、ユニークな経験をしている）など、その人についての特性を述べることができます。

　もちろん、描写を引き出す質問は、「どんな」だけではなく、「どう」「どういう」「どのような」「どんな感じ」などいろいろな形でされます。そして、これら描写を引き出す質問、例えば、「どんな○○ですか」の答えとして、すぐに思いつくのは、イ形容詞やナ形容詞を使う方法でしょう。「どんな学校ですか。─新しい学校です」「どんな人ですか。─やさしい人です。─元気な人です」「どんな食べ物ですか。─有名な食べ物です」などが例です。ただし、ここで注意したいのは、上級レベルでは、情報を細かく述べなくてはならないということです。それには、上述のようなイ形容詞、ナ形容詞だけでは十分ではありません。ですから、指導するときは、どのように詳述するかを指導して描写の手法を開拓するべきです。

　一つは、人、物、場所、できごとについての見方を整理して描写するやり方です。例えば、図書館、レストラン、カラオケボックス等のような場所だとしたら、場所の物理的な特徴という切り口で、色、大きさ、レイアウトなどの特徴を言うほかに、どのようなタイプの人がその場所を使用するのか、さらに、場所の用途を説明することもできるでしょう。例えば、以下のような特徴の描写が出てきます。

物理的特徴
「あまり大きくないけれど、部屋にはソファーやテーブルや大きいテレビ画面があります。」

使用者の特徴
「よく大学生が使います。友だちと一緒に使うことが多いですが、一人でも使います。家族で使うこともあります。」

用途
「そこで、歌の練習をしたり、飲み会をしたりします。」

そして、これらの特徴を全部合わせていくと、ある程度まとまって、詳細が含まれた一つの描写が形成されます。さらに、まとめるときに、どのような切り口から見た特徴かをはじめに言ってから特徴の具体例を続けるような練習をすると、学習者も、話をしながら頭の中で情報の整理ができるようになるはずです。例を示すと、「<u>大きさは</u>そんなに大きくありません。部屋の真ん中にテーブルがあります。そのまわりにソファーやイスがあります。<u>誰が使うかというと</u>、大学生が多いですね。<u>使うのは</u>、歌ったり、飲み会をしたりするときです。」となります。このように切り口を言ってはその特徴を述べ、また別の切り口に移行するという練習をすることで、話しながらでも談話の構成がしやすくなるでしょう。

　もう一つの「描写」の手法は、特徴、特性を連ねていくのではなく、ある特徴に焦点を当て、それを裏づけるエピソードをつけるという方法です。「背が高い」という特徴を例にとってみると、そう思ったときのことを語ったり、それを裏づけるほかの人のコメントを言ったりすれば、「背が高い」だけで描写が終わることを避けられます。例えば、「私はスミスさんに３年前、はじめて会いました。スミスさんは背が高くてびっくりしました。それまでに会ったどの人より高かったんです。ドアの高さより高いんですよ」。また、性格について話すのであれば、性格をよく表している経験談を話すとよいでしょう。職場が小さいという特徴を話すのであれば、小さいがゆえに得なこと、あるいは、大変なことを話したり、なんらかのエピソードやコメントを加えたりすることで、一つの特徴が広がりを見せることになります。

2.3　ナレーションと描写の融合

　次に注目したいのは、伝えたい内容の中に、ナレーションと描写が両方存在する場合です。以下の上級‒中と上級‒下についての2012年版ACTFLガイドラインの記述をみてください。

> 上級‒中
> 　…語り（ナレーション）と描写は、互いに組み合わされ絡み合う傾向があり…

> 上級−下
> …語り（ナレーション）や描写を組み合わせるのではなく、別々に行う傾向がある…

(ACTFL, 2012)

　ここからわかることは、上級レベルに近い発話能力を持つ上級−中の話者なら、ナレーションに描写を組み合わせて話すことができるが、上級−下の話者には、まだそれは難しく、ナレーションと描写を別々に行うという差があるということです。ですから、上級レベルに近づこうとしている学習者には、ナレーションと描写を一度に導入するのではなく、ナレーションはナレーションで、描写は描写で練習し、それぞれのタスクに慣れてきた時点で、描写とナレーションを組み合わせるのが効果的であると言えるでしょう。まず、「描写」は、描写する対象を変える（人物を建物に変えるなど）ことによって、さまざまな手法をマスターしていくことができます。また、「ナレーション」に関しては、短い体験談から長いものへ、また単純な過程・手順から複雑なものへと発話を伸ばすことによって能力を高めることができます。この短い体験談から長いものへ、単純な過程・手順から複雑なものへと移行していく際に、「背景化（backgrounding）」という手法があります。ここで、背景化の説明をします。

　ナレーションの中では、実際に起こったこと以外に、背景として知っておくべき情報を加えることがあります。その情報があるから、聞き手は、伝えられている話に納得がいくというような情報です。例えば、日本の総理大臣が、田中太郎という人で、だれもがその名前を知っているとしましょう。そして、友だちが、

友だち ： 今日窓開けたら、田中太郎が走ってたんですよ。

と言ったら、聞いた人は、たいてい、びっくりして、「本当？」とか「へー、田中太郎見たの？」と反応するでしょう。「それがどうしたの？」とストーリーの意義を否定する人はいないでしょう。それは、

総理大臣が走っているのを見たということが非日常、普通ではないから、びっくりするわけです。次に、有名人ではない単なる知人の鈴木花子さんに人物を変えてみましょう。

 友だち　：　今日窓開けたら、鈴木花子が走ってたんですよ。

と友だちが言ったとしても、たいていの人の反応は、「それがどうしたの？」となります。なぜかというと、一般人が走っているのを見たとしても、そこには非日常性、通常でないことがないからです。そこで、次のような情報を加えてみましょう。

 友だち　：　<u>この前、鈴木さん、「私、走るのなんて絶対無理！ 運動なんて大嫌いなんだから。」って言ってたんですよ。</u>でも、今日窓開けたら、鈴木さんが走ってたんですよ。

　下線部の部分は、背景的情報で、「鈴木さんは運動が嫌い」という特徴の記述です。これによって「運動が嫌い」という事情と、走るという運動行為をしていたということにギャップが生まれ、聞き手から、驚きの反応が出てきます。背景に当たる「運動が嫌い」という部分は、起こった出来事（ナレーション）ではなく、鈴木さんという人物を特徴づける描写です。このように、ナレーションに出てくる人物、物、場所などについての描写を、ナレーションの途中で、挿入することによって、背景情報を入れることになり、結果として、描写を組み合わせたナレーションで、談話にも膨らみが出ることになるのです。

2.4　説明、比較、伝達・報告：描写とナレーションのバリエーション
　2.1「ナレーション」で、体験談という名称を持ちながら、描写である場合とナレーションである場合があることを指摘しました。似たように、「説明」「比較」「伝達・報告」も、中身を調べてみると描写だったり、ナレーションであったりすることがあります。映画のストーリーを「説明」してください、と言われて、シーンを、順を追って語っていけば、結果的にその説明はナレーションになります。また、授業の

登録の仕方を「説明」してください、と聞かれて、まずはじめに〇〇をして、次に△△をして、というように、順を追ってプロセスを語っていくのであれば、この場合も結果的にナレーションになります。しかし、同じ説明でも、ことばの意味を説明するとか、理由を説明するなどの場合は、すでに存在する変化を伴わない状況を描写することになるので、ナレーションではなく、描写としての説明だと言えます。

　比較は、よく描写として使われることが多いです。例えば、「関東と関西と比べてどう違いますか」と聞かれれば、話者は、関東の特徴を述べたあと、関西の特徴を述べるという「描写」をするでしょう。しかし、時間的な2つの点を比較する場合、ナレーションと描写が融合した形になる、ということが時々起こります。例えば、アルバイトをしはじめたばかりのころと1年後の今とどう違うかたずねた場合の答えを考えましょう。「最初は、伝票を間違えたり、客の顔を見ていなかったりしたんですけど、1カ月ぐらいたったときだったかなぁ、先輩の田中さんが、もっとお客の顔見なきゃだめよって、言って、それで、客の顔見るようになって、そしたら、だんだん楽しくなったんですね。だから、今は、アルバイトに行くのが楽しくて、時間増やしてくださいって店長にこの前言いました。」このようにはじめの頃の出来事から、先輩の一言があり、その後に変化が起こったという一連の順序のある出来事を語ることによって、1年前と現在を比較するという例もあります。この場合は、アルバイトの最初の頃という「描写」と先輩の助言から今に至るまでという「ナレーション」が融合したものだと捉えられます。

　「伝達・報告」という行為も、描写になったりナレーションになったりすることがあります。例えば、自分が参加したイベント（文化祭など）を報告するといった場合、人によっては、場所の特徴やどんな活動があったかを伝える人もいれば、イベントのはじまりからどのような流れでどのような出来事が起こったのかを話す人もいます。特に、一般的な話題について話す場合、火事、交通事故、殺人事件の顛末を報告するのであれば、自然にナレーションという枠組みで報告することになるでしょう。逆に、社会問題を伝える場合、描写のような形式で問題を説明することが多いかもしれません。

　このように、上級の「機能・総合タスク」であるナレーションと描写

には、説明、比較、伝達・報告などといったバリエーションがあり、話す話題、内容によって、いろいろな形を許容できるようになっています。これを上手にクラス活動に組み込むと、練習材料が増えていくでしょう。

❸ 複雑さを伴う不測の事態

中級と上級のもう一つの違いは、トランズアクションのタスクに複雑さが加わることです。2024年版ACTFLガイドラインの記述を見てみましょう。

> 上級-下
> …複雑な状況あるいは不測の状況が起こったことによって生じる主要な言語的困難に適切に対応することができる。

(ACTFL, 2024)

中級では、想定通りにことが運びトランズアクションが終了します。それに対して、上級では、コミュニケーションやトランズアクションが予測していたように終わるかと思いきや、何か困難な要素が入ってしまったため、そこから発生した問題を解決することが要求されているわけです。中級で紹介した、場面・行為・相手との関係の組み合わせで作った状況に、ある種の「ひねり」を加えることによって、複雑さを増すことができます。この「ひねり」は、結果的に、学習者が、さらなるナレーションや描写、説明、体験のナレーションをせざるを得なくなるようなものである必要があります。

例えば、「上司に休みの許可を得る」というタスクを考えてみましょう。理由を聞かれて、「ちょっと病院に行かなくてはいけないので」という理由を提示したとしたら、簡単に許可を出すのではなく、「ひねり」を加えます。例えば、「これで病院に行くという理由で休むのは、3回目ですね。何か事情でもあるんですか？ よかったら、話してくれませんか」と尋ねたり、「病院に行くのなら仕方ないですね。でも、その日は、あなたが担当しているプロジェクトの報告をしなきゃいけなかっ

たんじゃないですか。どうするつもりですか」と問題を投げかけたりすることによって、「不測」の事態、「困難な状況」を作り出すことができます。このことによって、話者は、上司が納得するように、病院に通っている事情を詳しく説明したり、不在で仕事に支障をきたさないようにどのような手配をしておくつもりかを説明したりしなければいけません。

　不測の事態のひねりと言っても、解決できないような無理難題を押し付けるのが目的ではありません。あくまでも、外国語で説明するのが少し面倒な、あるいは、少しややこしいというような範囲にとどめておきましょう。

❹ 段落

　上級レベルの「テキストタイプ」は、段落と規定されています。スピーキングにおける段落とはどういうことでしょうか。ACTFL OPI テスター養成マニュアル（2012）には、次のように説明されています。

> Oral paragraph
> The oral paragraph, like its written counterpart, is defined essentially by its internal integrity which is attained through the strategic sequencing of ideas and information. In other words, an oral paragraph presents a composite of successive sequences that are linked chronologically and/or logically by internal organization and connectors. (2012, 43)
> 口語（話しことば）の段落
> 口語の段落は、本質的には、書きことばの段落のように、考えや情報をある意図をもって配していくことによって得られる内的なまとまりと定義される。言い換えれば、口語の段落は、内的構成と接続要素により時系列的、あるいは、論理的につなげられた連続的な配列の複合体を表している。

(Swender, E. & Vicars, R., 2012)

　書きことばの段落は、一字下げることで段落のはじまりがわかり、

終わりも、次の段落に一次下げがあることによって、段落として終わっているということがわかります。これに対して、スピーキングだと、書きことばのような目に見える印がないので、聞いている内容や決まった語によって、新しい段落が始まったのだな、ひとくくりの話が終わったのだなとわかるのです。とは言え、本質的には書き手も話し手も、内容のまとめ方には共通するアプローチを取ります。上記の定義にあるように、「まとまり」や「構成」そして、「接続要素によりつなげられた」複合体として段落をとらえると、その共通点がわかります。

　ところで、「段落」と中級レベルの「文」はどのように違うのでしょうか。文をいくつか連ねれば、段落ができあがるのでしょうか。ただ単に複数の文が並べられた集合体と段落との決定的な違いは、単なる文の連なりには、聞き手に伝えられるべき話のポイント、論点、結論が欠落しており、段落には、それが存在するということです。例えば次の例をみてください。

　A ： 何かカルチャーショックのような経験はありましたか。
　B ： はい、さしみの料理がびっくりしました。レストランで魚を切りました。ホストファミリーのお父さん、この魚と言いました。シェフの人、魚を切りました。魚、かわいそう。お父さんは、食べてください。私、食べたくなかった。お父さん食べてください。どうぞどうぞ。私、はーい。食べました。おいしかったです。

　この話の流れは、はじめは、カルチャーショックの質問に直接答えて、刺身の料理にびっくりしたことを伝えてはいるのですが、話をしていくうちに、最後は、「おいしかったです」で終わっています。つまり、はじめに意図していた論点からだんだんずれていって、違う論点に到達してしまったという流れです。聞き手は、魚が切られるのを見るのがショックだったのか、魚がおいしかったことが意外だったのかはっきりしなくなります。

　もう一つ、描写を求められている例を見てみましょう。

A ： あなたの大学はどんな大学ですか。
B ： とっても大きい大学です。とても有名で、フットボールが強いです。フットボールのゲームを毎週見に行きます。学生はフットボールがとっても好きですね。フットボールの有名なプレーヤーは僕の友だちです。アレックスさんといいます。とっても背が高い。

　この例では、はじめに大学の描写を求められているのですが、大学から、フットボールに話題が変わり、最後には、一人の選手が自分の友だちだという話題で終了しています。「アレックスは背が高い」という終わりと「どんな大学か」という質問との間に整合性がなくなっています。
　これを克服するために一つおさえたいことがあります。それは、結論を最後に忘れずに言う練習をすることです。まず、結論をあらかじめ言語化しておきます。それを口慣らしで繰り返させるだけでもよいですし、板書したものを提示してもよいでしょう。結論をしっかりと把握したあとに、ナレーションや描写を使って、その結論に到達する練習をします。その際に教師が役に立つ「つなぎのことば」を提示するとよいでしょう。
　つなぎのことばとしては、「やっぱり」「というわけで」「だから」「まぁ」「つまり言いたいのは」などがあります。上記の魚料理の例で言うと、「おいしかったです」のあとに、「というわけで、さしみの料理はびっくりしました」などと言うことが考えられます。また、大学の例で言うと、「つまり言いたいのは、フットボールが有名で、選手も選手じゃない学生もフットボールが好きな大学ということです」とつなげれば、おさまりもよくなります。これが、上級レベルの発話に近づく第一歩だと言えるでしょう。
　もう一つの文の連なりと段落との違いは、段落には結束性があるということです。結束性は接続詞、接続をもたらす文法によって作り出されます。それに加えて、談話の中ですでに出したものを指す「それ」「その」「そう」などの指示詞や、時間の推移意味を含む従属節「たら」「と」などによっても表されます。書きことばの接続詞としては、「まずはじめに」「次に」「そして」「しかし」「その上」などがあります。話しこ

とばでは、文末に「けど」「〜て／〜で」、文頭には「で」「だから」「でも」「そしたら」などがよく使われます。

　先の例を考えてみましょう。「…魚、かわいそう。で、お父さんは、食べてください。でも、私、食べたくなかった。でも、お父さん食べてください。どうぞどうぞ。で、私、はーい。と言って、その魚食べました。そしたら、おいしかったです」

　このように、単純な「で」「でも」「言って」などを使うだけでも、荒削りではあるかもしれませんが、もとのものと比べると流れがよくなっていることが見てとれるのではないかと思います。

❺ 一般的な話題

　2024年版ACTFLガイドラインの基準の一つ、「場面・内容」の点でも、上級は中級と異なります。中級では、日常生活や個人に関する身近な話題を話すことができると規定されていますが、上級では、それら身近な話題に加えて、一般の人々が関心を持つような話題についても描写やナレーションができると規定されています。つまり、今日自分は何をするのか、昨日自分は何をしたのかだけではなく、自分の生活している地域社会では何が起こっているか、人々は、どんなことに関心を持って、どんなことを話題にしているかなどといった内容を話すことができなくてはいけません。例えば、ニュースでよく報道されている内容や、国民一般の人々、地域住民、学生の間で話題となっている事柄です。それらは、必ずしも難しい政治や国際的な問題でなくてもよく、生活に密着した「問題」、例えば、渋滞がひどくなっているとか、歩きながら携帯電話を見ている人が多くて困るというものでもよいのです。

　ただし、上級は、あくまでも、描写あるいはナレーションが要求されていますから、問題自体や問題の背景を説明したり、どんな事件が起こったのかをナレーションとして語ったりできることが主目的です。例えば、OPIにおける次のようなやりとりを考えてみましょう。

1	テスター	：	何か関心のあるニュースありますか。
2	テリー	：	福島の原子力発電所についてが、興味ありますねぇ。
3	テスター	：	ああ、そうですねぇ。大きな問題ですねぇ。あの問題について、テリーさんはどう思いますか。

　この場合、2行目の返答は、上級のタスクを遂行していませんし、「テキストタイプ」も一文だけで、段落ではありません。それなのに、3行目でテスターは、超級のタスクである意見の叙述をさせています。上級のタスクを引き出すには、3行目の質問を、説明や報告をさせるような質問にするべきです。3行目にするべき質問として、次のようなものが例としてあげられます。

| 3′ | テスター | ： | 最近、ニュースでは、その問題について、どんなことが報告されていましたか。 |
| 3″ | テスター | ： | 福島原子力発電のどんなこと、どんな問題に興味があるんですか。それは、どういう問題か説明してもらえますか。 |

というように、あくまで、説明する、持っている情報を報告する、何が起こったかについて語る、などの上級のタスクを引き出すようにします。
　授業の中では、どういう問題か説明する語彙力と表現力をつけずに、どう思うかと意見を求めてしまいがちです。しかし、まず、上記のような質問をし、地域社会の問題、事件、地域で話題になっていることをきちんと説明できる力をつけるべきです。

❻ 結び・まとめ

　この章では、上級レベルの「機能・総合タスク」「場面・内容」「テキストタイプ」を概観しました。特に、「機能・総合タスク」のうち、「ナレーション」「描写」について、OPIにおけるテスターと被験者のやり

とりの例を提示して、どのぐらいの発話量とどのような発話が求められているのか詳述しました。中級レベルの話者が上級レベルの描写、ナレーション、不測の事態への対応を段落で遂行する力をつけるための指導上の注意点を参考にして、教室指導案に活用していただけたらと思います。

参考文献

American Council on the Teaching of Foreign Languages. (2012). *ACTFL proficiency guidelines 2012*. Alexandria, Virginia: ACTFL.

American Council on the Teaching of Foreign Languages (2024). *ACTFL proficiency guidelines 2024*. Alexandria, Virginia: ACTFL.

Swender, E. & Vicars, R. (Eds.). (2012). *ACTFL Oral proficeincy interview tester training manual*. White Plains, NY: ACTFL.

1章 ●中級から上級へ

渡辺素和子

2 中級−下から上級をめざす活動

久保百世

❶ 上級をめざすための話す・書くという言語活動

　本章では、2024年版ACTFLガイドラインが定義する中級−下段階の話者が、上級レベルをめざすのに効果的な活動を2つ紹介します。どちらも2024年版ACTFLガイドラインをもとにして作成したものです。一つは、「私たちのヒーロープロジェクト」、もう一つは、「面白い話の共有」です。どちらも、練習対象となる「機能・総合タスク」は「ナレーション」と「描写」、「テキストタイプ」は「口頭段落・つながりのある談話」、「場面・内容」は「私たちの住む社会について」です。「私たちのヒーロープロジェクト」では、ややフォーマルな場面、「面白い話の共有」では、インフォーマルな場面の発話の練習をします。紹介する活動は、上級をめざすものです。ただし、中級−下のレベルの学習者が、すぐさま上級レベルと呼べるような話す練習をするために作成されたものではありません。むしろ、「上級をめざすときには、このような練習の繰り返しが必要だ」と学習者に実感してもらう意図で作りました。覚えた文をおうむ返しするだけではなく、言いたいことを文で表現できるようになった学習者が、段落を意識しながら発話量を増やしていくための活動です。

❷ 私たちのヒーロープロジェクト

2.1　活動の概要

　「私たちのヒーロープロジェクト」は、プレゼンテーション型伝達行為モード（発表者1に対して視聴者が多の形）のプロジェクトです。プロジェクトの目的は、クラスメートが「知ってよかった」と思えるような「陰の英雄と呼べるヒーロー」の紹介を2人1組でレポートを作成して、最終的に口頭発表をするというものです。目標の「機能・総合タスク」は、「自分たちが紹介するヒーローの一生を、はじめか

ら終わりまでナレーション・描写する」こと、目標の「テキストタイプ」は「段落」、「場面」は「ややフォーマル」、「内容」は「『私』の外の一般社会」です。「日常生活や個人の生活環境に関連した内容」（中級）から離れ、視野を一般社会に向けます。それゆえ、自分と近しい人物（家族・親戚・友人・同僚など）はこのプロジェクトのヒーローには選べません。「正確さ・理解難易度」の目標は、「日本語学習者に接触が少ない日本語話者が発表を聞いた（レポートを読んだ）ときに、理解できる」ことです。この口頭発表にはもう一つ目標があり、それは、Impact of Performance、「聴衆に、自分たちのヒーローがなぜヒーローなのかを的確に伝える」というものです。これは、聞き手に内容をわかってもらう工夫が必要となります。準備期間は約5週間（5週×5日×50分授業）です。この期間に授業で最終レポートのモデルとなる読み物の読解をし、それをもとに学生は発表する「ヒーロー」とその内容について考えます。第6週から第10週の予定は下記の表を見てください。

表1　プロジェクトの概要

コース名	JAPANLNG22 2nd-year Japanese Language, Culture, and Communication
実践期間	第6週−第10週　週5コマ（1コマ50分）
学生の日本語能力レベル	初級-上、中級-下 が中心、中級-中
目的	クラスメートとペアで未知のヒーローの紹介 "Unsung Hero Project"
第6週	模範プレゼンテーション/参考資料の配布
第6週〜第7週	パートナー探し/資料集め/下書き1
第8週末	下書き1提出/推敲/スライド作成開始
第9週末	下書き2提出/推敲/スライド編集/プレゼン準備
第10週	プレゼンテーション/レポート提出

表1が示すように、第6週に、授業時間50分を使い、教師がプロジェクトの説明とモデル口頭発表をします。そのとき、媒介語も利用してプロジェクトについて詳細に記した説明を配布し、必須事項を説明します。説明には、①どのようなヒーローの紹介が求められているか、②目標言語で具体的にどのようなことを遂行すれば、このプロジェクトを成功させることができるか等を明示してあります。教師の模擬プレゼンテーションのあとに、発表スタイルの注意点を含むいろいろな参考資料を配布します（資料1A・資料1B）。

資料1A　発表スタイルの注意点

1　発表（プレゼンテーション）は、話しことばでしましょう。
- クラスメートの前で発表しますから、「です・ます体」を使います。
- 「〜んです」を上手に使って、意味のまとまりを表します。
- 「そして」「それで」「でも」などのことばを使って、話の流れをわかりやすくします。

2　Impact of Performanceを考えましょう。
- プレゼンテーションの出だしにどんな工夫をしますか。
  1) ビデオクリップを使う。
  2) 短いスキットをする。
  3) 聞き手を笑わせる。
  4) 聞き手に直接質問をする。
- プレゼンテーション中は、アイコンタクトをしましょう。
- スクリプトをなるべく覚えたほうが聞き手に話しかけることができます。

3　大きい声で聞き取りやすくわかりやすい発表をしましょう。
- 発音が難しい単語には、フラッシュカードにルビをつけておきましょう。

資料1B　レポートのモデル（後半部省略）

「ラーメンの父：安藤百福」

〇〇〇・〇〇〇
×××・×××

　安藤百福は1910年3月5日に、台湾に生まれた。小さい時に両親を失くし、繊維問屋を経営する祖父母に育てられた。そのため、安藤は小さい時からビジネスの世界を見ながら育った。安藤は、ベンチャー精神が強く、「誰もやっていない新しいことをやりたい」と、22歳の時、メリヤスを売る会社を作った。その時代、メリヤスを売る会社は少なく、安藤のビジネスは大成功した。安藤は、さらに、大阪にも自分の会社を作り、ビジネスを広げていった。
　ところが、戦争が始まり、1945年3月、安藤の大阪の会社や工場は全て焼けてしまった。けれども、苦しい状況の中でも、安藤はあきらめず、また新しい会社を作った。こうして、安藤はまたビジネスに成功し、お金持ちになった。
　戦後、食べ物がない時代、日本では、町中にお腹がすいている人がいて、死んでしまう人も多くいた。ある日、安藤は、大阪駅の近くを歩いている時、ラーメンを食べるために並んでいる人の長い列を見た。その時、「お湯さえあればすぐ食べられるラーメンを作れないか」と安藤は思った。
　1957年、安藤にまた大変なことが起きた。悪い人にだまされ、お金も会社も全てを失い、残ったものは家だけだった。安藤は「失った物はお金だけ。その代わりに経験を得た」と考え、ラーメンのために並んでいる人の長い列を思い出し、「お湯さえあればすぐ家で食べられるラーメンを作ろう！」と決意した。
　安藤は自分の家の後ろに小さな小屋を建て、「お湯さえあれば家ですぐ食べられるラーメン」を作る研究を始めた。1日4時間という短い睡眠時間で1年間、一人で1日も休まず研究を続けた。「お湯を入れたら、すぐ食べられるようにするにはどうすればいいのか」「麺をドライにするにはどうすればいいのか」、安藤は何度も失敗をくり返した。ある日、安藤は晩ごはんに出てきた天ぷらを見て、「これだ！　麺を油であげればいいのだ！」と天ぷらからヒントを得て、1958年、ついに、世界で最初のインスタントラーメンの商品化に成功した。そして、ラーメンの名前を「チキンラーメン」、会社の名前を「日清食品」にした。

　配布された資料やモデルを参考にしながら、第6週〜第7週から、宿題として下書きを始め、教師のフィードバックを参考に各学習者が下書きの推敲をします。最終的な活動は、口頭段落での口頭発表ですが、まず「書くこと」で「段落を構成する（見える段落を作る）」ことから始めます。自分で産出した単文・連文を羅列する中級話者に段落を意識させるには、「段落を書かせ」、それを「見る」ことから始めるのが効果的です。「習ったことの組み替え」から、さらに「意味のまとまりのある段落でナレーション・描写」をするためには、発表時に発話する段落を見て認識する（つまり「書いて構築する」）ことが、中級—下、

久保百世

2章　●中級—下から上級をめざす活動

中級–中の学習者には必要な学習活動です。

　はじめて複数の段落から構成される口頭発表とレポート作成を試みるわけですから、不安な要素はたくさんあります。「学習者が一人ではできない課題に直面したとき、大人の指導や自分より能力のある仲間の助けを借りてその課題を達成できるようになる」(佐藤・熊谷、2010)ことをふまえ、教師が学習者を支援する足場かけを可視的に行います。学習者のプロジェクト理解やヒーロー選びなどの手順を明確にし、彼らをそばで支え、学習者一人ひとりが自信を持ってプロジェクトを始動するのを確認することが重要です。

2.2　レベルを変えた応用（中級-下）

　このプロジェクトでは、「三人称全知話者」を使うことを必須要項の一つとし、複雑な文法項目、特に終助詞や話し手の判断を表す（〜みたい・よう、〜そう、〜らしい、〜はず、など）文末表現を使わないで済むナラティブ・スタイルを使用するようにしました。三人称全知話者による語りは、物語などによく使われます。例えば、「おじいさんは、山へ芝刈りに行きました」「おじいさんは、不思議に思いました」という文では、語り手がおじいさんの行動、思考をすべて知っているように語られています。そうすることで、学習者は、ヒーローの一生に起きた出来事を時系列に沿って、非常にシンプルな段落を産出できます。シンプルではありますが、文と文のつながりが希薄にならないように接続表現を用い結束性のある複数の段落を産出し、「こんなにたくさん書けた」と自分の目で確かめ、そこから生まれる達成感を持つこと、ここに、このプロジェクトの隠れた意図があります。

　また、ヒーローは、社会に多大な影響を与えながらも一般的に知られていない人、あるいは著名人ではあるが多くの人に未知である「別の顔」を持つ人を選ばなければなりません。クラスメートが知らない・聞いたことがないヒーローを紹介することは、他者には未知の情報をいかにわかりやすく伝えるか（上級話者のできること）のよい練習となります。このプロジェクトを通して、選んだヒーローについて深く学び、クラスメートが紹介するヒーローについても学びます。そうすることによって、口頭発表の終わりには、それぞれのヒーローを集め

た「私たちのヒーローたち」ができあがります。

2.3 アセスメント

「言語を使って何ができるか」ということに焦点を当て、2024年版ACTFLガイドラインを基軸とした授業やプロジェクトを行っているわけですから、アセスメントも、プロフィシェンシーを測るツールを使います。

2024年版ACTFLガイドラインとACTFL Performance Descriptors for Language Learners (2012) (Descriptors) は、学習者のプロフィシェンシー達成度を測る指針として有益です。また、プロジェクトと授業活動のつながりを学習者に意識させるためにIntegrated Performance Assessment (IPA) を使いました。授業では、教科書の読み教材に登場するヒーロー的人物について読むことから始まり（解釈型伝達行為モード：内容を理解する）、そのヒーローについてどう思ったか、ヒーローの一生のどこが興味深かったかなどについて話し合います（相互交流型伝達行為モード：他者と情報をやりとりする）。そして「私たちのヒーロープロジェクト」をプレゼンテーション型伝達行為モードの言語行為としてつなげます。また、IPAとThe National Council of State Supervisors for Laguages (NCSSFL)-ACTFL Can-Do Statements (Can-Do Statements) を参考に、学習者の自己評価およびピア評価のシートを作成しました。

2.3.1 パフォーマンスアセスメントの流れ

パフォーマンスアセスメントの流れは次のようになります。まず、レポート作成の流れですが、下書き1の提出時に、学習者は自己評価シートも提出します。この評価シートはCan-Do Statementsをもとに作成したものです（資料2）。評価シートには、各学習者が自分の産出した日本語がどの「テキストタイプ」に近いか評価できるように、モデルの「テキストタイプ」も例示されています。

資料2　レポート下書き自己評価シート

名前:＿＿＿＿＿＿＿＿＿＿＿＿

Self-Assessment Check List
＜自己評価チェックリスト＞

First draft＜草稿1＞

Content & Text Type:	☐ I can write out a draft of our hero, using a series of simple sentences. ＜ヒーローについて単文で書ける＞ ☐ I can write out a draft of our hero, using connected sentences. ＜ヒーローについて連文で書ける＞ ☐ I can write out a draft of our hero, in simple paragraphs. ＜ヒーローについて簡単な段落で書ける＞ ☐ I can write out a draft of our hero, in organized paragraphs. ＜ヒーローについて構成が整った段落で書ける＞
Mechanics	☐ I know how to mark/indicate a new paragraph by using indentation. ＜段落・改行の頭下げの仕方がわかる＞ ☐ I can use the commas and periods appropriately to show phrase boundaries. ＜句読点の効果的な使い方がわかる＞ ☐ I can type in Japanese without errors. ＜誤字・脱字のエラーなしで書ける＞
Task & function	☐ I can tell the story of our hero by arranging the sentences I created in chronological order. ＜時系列に文を並べヒーローの物語を叙述できる＞ ☐ I can tell the story of our hero by focusing on the major "life-changing" events in his/her life. ＜ヒーローの人生の重要な出来事に焦点を置くことができる＞ ☐ I can tell the story of our hero by focusing on the major "life-changing" events in his/her life plus <u>some</u> background information using the omniscient narrative style. ＜三人称全知話者のスタイルを使い、ヒーローの一生の重要ポイントを叙述できる＞ ☐ I can tell the story of our hero by focusing on the major "life-changing" events in his/her life plus <u>detailed</u> background information using the omniscient narrative style. ＜三人称全知話者のスタイルを使いヒーローの一生の重要ポイントを詳細に叙述できる＞ ☐ I can tell the story of our hero by focusing on the major "life-changing" events in his/her life plus our hero's emotions and thoughts using the omniscient narrative style. ＜三人称全知話者のスタイルを使い、ヒーローの一生を登場人物の感情も含めて詳細に叙述できる＞
Accuracy	☐ I can conjugate and change forms appropriately. ＜正しいフォーム（活用形）を適切に使える＞ ☐ I can assign particles appropriately. ＜正しい助詞を選択し適切に使える＞ ☐ I can use proper vocabulary appropriate for its immediate context. ＜文脈に合った語彙を選択し使える＞ ☐ I can type proper kanji appropriate for its immediate context. ＜文脈に合った漢字を選択し使える＞ 例　カップラーメンは安藤百福によって<u>発明</u>された。 　　<u>一般的</u>に、日本の食べ物は健康だと考えられている。

資料2 レポート下書き自己評価シート（続き）

Text type の例

A series of simple sentences:
安藤百福は1910年に生まれた。
安藤は悪い人にだまされた(to be deceived)。そして、お金がなくなった。
安藤は1958年にチキンラーメンを発明して、1971年にカップヌードルを発明した。

Connected sentences:
安藤は、戦後あまり食べ物がない時代に人々がラーメンの屋台の前に長い列を作っているのを見て、家でお湯さえあればすぐ食べられるラーメンを作りたいと思った。(Use of noun modifications)
安藤は、何回も失敗をくり返したが、48歳の時、ついに「チキンラーメン」という袋入りラーメンの商品化に成功し、そのラーメンは大ヒットした。

Simple paragraph: (Sentences are connected to each other to make up a cohesive meaningful chunk)
安くておいしくて速くできる日清のチキンラーメンは大ヒットした。ところが、他の会社もインスタントラーメンを作って売り始めた。しかし、ほとんどのラーメンは、味も質も悪いものだった。それで、インスタントラーメンは体によくないというイメージができてしまい、日清食品も大きいダメージを受けた。

Organized paragraph: (Focus: Sequencing sentences/events in chronological order)
安藤は、戦後あまり食べ物がない時代に人々がラーメンの屋台の前に長い列を作っているのを見て、家でお湯さえあればすぐ食べられるラーメンを作りたいと思った。何回も失敗をくり返したが、48歳の時、ついに「チキンラーメン」という袋入りラーメンの商品化に成功し、そのラーメンは大ヒットした。ところが、安藤の成功を見て、他の会社もインスタントラーメンを作りはじめたため、2年ぐらいの間にインスタントラーメンを作る会社の数がとても増えて、競争が激しくなった。それで、安藤は日本国内から世界に目を向けた。

資料3 草稿フィードバック凡例表

草稿の修正フィードバック

灰色	Need to be typed using kanji; 漢字でタイプしてください。
黄色	1st-yr level grammatical errors; try correcting them by yourself (Use your textbooks and the hint given) 初級文法のエラー。教科書や書き込まれたヒントをもとに自分で直してみましょう。
緑色	I don't understand what you are trying to say here: perhaps due to wrong word choice, wrong particle assignment, or wrong verb form (potential, passive, transitive vs intransitive), or combination of these three: Need to be rephrased or use a different word or different sentence pattern 意味がよくわかりません。たぶん、語彙の選択、単語の活用、助詞の選択などに間違いがあるのでしょう。もう一度書き直してください。
青色	Expand more with supporting details by adding one or two more sentences. あと1～2文足して、説明を詳しくしてください。
オレンジ色	Typo or kanji/hiragana/katakana errors; need to be corrected 誤字・脱字・タイプミスです。直してください。
ピンク色	Stylistic inconsistency; needs to be corrected; Use ～である or ～だ ending→see the guidelines & written report template 「～である体」か「～だ体」を使いましょう。配布資料のガイドラインをもう一度読んでください。
P	Missing particle; assign a correct one 助詞が抜けています。
Para	Paragraph indentation—use one space, not Tab 改行（新段落）の頭下げをしましょう。
C	Add a conjunction such as しかし、それで、だから 接続表現を使って、文を繋げましょう。

資料4　パフォーマンスアセスメントの流れ

	レポート	プレゼンテーション
第7週〜第8週	下書き1・自己評価1	スライド作成開始
第8週末	教師1フィードバック	スクリプト作成
第9週	下書き2・自己評価2	スライド編集
第9週末	教師1フィードバック	スクリプト修正 練習開始・暗記
第10週	レポート提出	プレゼン本番
	教師2最終評価	ピア評価
第10週末		教師1教師2評価
教師1	下書き評価+フィードバック+プレゼン評価	
教師2	提出レポート評価+プレゼン評価	

　次に、教師が提出された下書きを読み、フィードバックを書き込んだものを各学習者に返却します。各学習者はそのフィードバックをもとに下書き2を書き、下書き1と同じプロセスでフィードバックにもとづいて修正された下書き2を最終レポートへと推敲していきます（資料3）。

　一方、プレゼンテーションの準備は、下書き2の推敲のあとで、プレゼンテーションの模範となるスクリプトや配布済みの説明を参考にしながら（前掲資料1A）、各学習者が人前で話す練習を始めます。書いたものを丸暗記しても「上級話者」とは見なされないこと、レポート作成に使う書きことばと、プレゼンテーションに使う話しことばの違いは、それぞれの模範のテンプレートを付き合わせて比較すること、書きことば・話しことばの特徴を確認し使用することは、第6週に説明します。本番の口頭発表では、学習者と教師による評価がされます。ACTFL Oral Proficiency Interview（OPI）のテスター資格保持者の教師は、テスターとしての知識を用いて、学習者のパフォーマンスを評価します（資料4）。

発表の際には、聞いている学生によるピア評価も行いました。資料5は、学習者Kがプレゼンテーションの聞き手として参加したときのグループ1の発表についてのアセスメントです。ピア評価は、英語でも日本語でも、どちらでもよいとしました。左3つの質問はIPAのImpact of Performanceを参考にして作られたものですが、右端の質問は、クラスメートの日本語を聞きながら気づいたことを書き込み、それと同時に自分の日本語を振り返る作業を促すために入れてあります。そして、各学習者が書いたアセスメントシートを回収し、教師がプレゼンターごとにピアからの評価を一つにまとめ、評価を一枚のシートにタイプしなおして、プレゼンターの学習者一人ひとりに返却します。資料6がそのタイプしなおしたものです。

　このプロジェクトの最大の特徴は、学習者の伝えたいという気持ちを優先させること、伝えたいことをまず書くことにより全体像をつかみ、それを音声化（発話にする）することです。「機能・総合タスク」と「内容」がまず先にあってそれを達成するために、教師は道筋を示していきます。レポートの最低字数は700字程度としていますが、上限の字数制限は設けていません。普段の宿題で300字を書くのに苦労する学習者も、1,000字を超える「大作」を提出し、発表時には、「こんなにたくさん話せた！」という達成感を感じるようです。これは、教科書に出てきた文法項目をむりやり使わせるという条件を設けず、ナラティブのスタイルを三人称全知話者に統一し、時系列順の段落構築を指導したことが大きく影響していると思われます。学習者は、自分の日本語がまだまだ「稚拙である」と認識しながらも、自分の知っている世界について話したいという内的動機に支えられ、積極的な姿勢で学習対象言語を産出するように見受けられます。そして、学習者自らが、上級レベルのコンテクストと内容にあったヒーローを選んできますので、上級への入り口に立つ準備として、このプロジェクトは意義のあるプロジェクトではないかと思われます。

資料5　ピア評価シート（評価者：学習者K）
（注：Kによる評価は英語でのみ。筆者が日本語訳を付記）

Presenters	Were you informed a lot? 未知情報がたくさんありましたか。	Do you agree that their hero is indeed an unsung hero? プレゼンターのヒーローのヒーロー性に納得しましたか。
Group 1 Student M （学生M）	Yes, I learned a lot. はい、たくさん習いました。	Yes. Murakami created a really cool style of art/graphic. Murakami is definitely unsung: I've seen that album cover, but I have never heard of him before today. 村上は、間違いなくヒーローだ。CDジャケットは見たことがあるが、誰がデザインし描いたのかは今日の発表まで知らなかった。
Student R （学生R）	Same as above 上と同じ。	Same as above 上と同じ。

Did the presenter do something to make you engaged? プレゼンターの効果的なプレゼンにひきつけられましたか。	What did you notice about the presenter's Japanese? (e.g., pronunciation, speed, volume, effort to communicate with you, civility) プレゼンターの日本語について気づいたことは？
M used some good introductory terms to get/engage attention. Thorough background information Eye contact Mは前半担当だったが、始めに聴衆の関心を集めるような表現を使っていた。ヒーローの時代背景などの情報が上手く紹介されていた。アイコンタクトを使った。	Good speed, but similar tone throughout A little broken-up? Using notes but sounded good. Some high-level grammar was used. I was very impressed. スピードは良かったが、少し単調気味。つっかえることもあった？メモを見ていたが、よくわかった。難しい文法項目も使っていて、感心した。
R asked questions to the audience to refocus everyone! Rは後半担当で、たくさん質問をした。 最後まで集中して聞くことができた！	R didn't use cards and spoke very clearly! His eye contact & communication were fantastic. Rは一度もメモを使わず、一語一語はっきりと発話した。アイコンタクトとコミュニケーションのスキルは素晴らしい。

資料6　学習者Kに対するピアアセスメントのフィードバック
（注：ピア評価は英語、筆者が日本語訳を付記）

Were you informed a lot? 未知情報がたくさんありましたか。たくさん学べましたか。	Yes, great to learn how life has informed work. 彼の人生が彼の作品にどのように影響したかが非常によく理解できた。 Yes, not familiar with their hero's work, but curious to read now. 今まで彼の作品について知らなかったが、今は作品を読んでみたいと思う。
Do you agree that their hero is indeed an unsung hero? プレゼンターのヒーローのヒーロー性に納得しましたか。	Many visuals throughout the presentation, good volume and clear speech. 絵や写真、ビデオを上手に使っていた。声量もあり、滑舌もよかった。 Clear, measured speech, easy to understand. 滑舌がよく、テンポもよく、わかりやすかった。
Did the presenter do something to make you engaged? プレゼンターの効果的なプレゼンにひきつけられましたか。	Student K was very controlled and spoke well. 非常に落ち着いていて上手に話せた。 Student K had good pace, memorized it well for the most part. ペースがよく、ほとんど暗記していてスムーズだった。 I liked his answer to a question. 質問の答えがよかった。
What did you notice about the presenter's Japanese? (e.g., pronunciation, speed, volume, effort to communicate with you, civility) プレゼンターの日本語について気づいたことは？（発音・スピード・声量・コミュニケーション能力・丁寧さ）	I wish they could have spoken more about the books as well as the influence of this person. もっとヒーローが書いた作品と影響について知りたかった。 DFW is an excellent and well-received writer, but he did not get the recognition he deserved until after his death, and thus he is an unsung hero. DFWは素晴らしい作家であるにもかかわらず、その素晴らしさは死後まで認められなかった。本当に「陰のヒーロー」だ。 I liked how each presenter switched off every two slides instead of keeping a strict division between them. 2人が代わるがわる（スライドが代わるごとに）発表したのが面白かった。 The gifs were a little distracting though. GIFアニメーションは、ちょっと気が散る。

❸ 「面白い話の共有」相互交流型伝達行為モードの談話構築

3.1 社交的コミュニケーションのすすめ

　ある人の一生を、はじめから終わりまで途切れることなく誰かに話す、というのはCan-do Statementsの「発表型コミュニケーションモード（聞いている人に内容を伝える）」ではよくあることかもしれませんが、普段の日常会話ではまれにしか起こらないことでしょう。それとは対照的に、社交的コミュニケーションを目的とした、インフォーマルな場面での談話スタイルの「語り」は、私たちの会話や対話の中に頻繁に現れます。それは、テレビ・ラジオ番組、SNS、ブログ（V-logも含めた）などに見られるように、まとまった内容を読者、聞いている人に伝える行為です。

　「依頼する」「誘う」「注文する」などの言語行為の練習は、外国語の授業ではよくする教室活動です。このような練習は、従来の授業活動において、初級段階から上級まで難易度を調整しながら繰り返し行われますが、「市民性教育」や「親和性」を高める目的の社交的コミュニケーションの練習（例：たわいない話ができる、ユーモアを交えたおしゃべりができる、所属する社会に貢献する市民としての言語行為がこなせる、など）も同等に必要かつ重要です。「自分あるいは身近な人におこった出来事について話す自己表現活動」（西口, 2017）を、談話の段落構成の分析と再構築というフレームワークを使い練習するのは、中級学習者が上級をめざすには重要な活動だと思われます。

3.1.1　前作業

　まず、『ドラえもん』の「アンキパン」を使い、4コマ漫画に代表される起承転結の語りの組み方を紹介します。「アンキパン」のストーリーの要約と、どこが面白かったかについてペアで話し合います。その次に資料7、資料8のような教師が作成したスライドを使い、ストーリーの内容と展開を軸に4つの意味の塊（4つのモジュール）に分けます。そして、それぞれのモジュールの特徴を考察します。

資料7　ドラえもん「アンキパン」のあらすじ

Reconstructing a story using 4 modules			
ドラえもん「アンキパン」			
① Beginning	② Development	③ Turn	④ Conclusion
ある日、のび太はテストの勉強を忘れた。	困ったのび太はドラえもんに助けを求める。	ドラえもんが「アンキパン」をだし、のび太は覚えたいことをパンに写して食べる。	パンを食べすぎたのび太は、テストの前にお腹が痛くなりトイレに行く。試験に失敗する。

資料8　ドラえもんのストーリー構成

Reconstructing a story using 4 modules			
談話再構築＜４つのモジュールを使って＞ ドラえもんの場合			
①＜起＞ Beginning	②＜承＞ Development	③＜転＞ Turn	④＜結＞ Conclusion
A new event/ problem. 新しい事件・問題の発生。	Further development. 問題への対応と行動。	Doraemon tries to resolve the issue, using his gadget. 道具の使用。	A twisted ending. 意外な結末。

3.1.2　本作業－タスク１－４つのモジュールの考察

　ポップカルチャーの文化的所産の一つである４コマ漫画には、「起承転結」の「結」の部分に「オチ」が来ることが基本構造であること、また、ドラえもんのストーリーは、この構造を忠実に踏襲していることなどを共有します。次に、著作権の問題が発生しない４コマ漫画を探し、その一コマ一コマが４つのモジュールのそれぞれに呼応していること

を例示します（資料9）。次にその4つのモジュールを使い、2人の登場人物のやりとりからなる1対1の面白い談話エピソードを4つのセグメントに分け、再構築します。ここでの留意すべき点は、目標の「機能・総合タスク」が対話モードの「面白い話の共有」であり、2024年版ACTFLガイドラインの上級レベルの口頭段落の形の発話であることです。この練習は、語り手が各セグメントの内容を伝えるものですが、聞き手の役割にも焦点を置き、聞き手との相互作用（意味の交渉や聞き手と話を共有しているという意識と確認－あいづち、聞き返しなど）も重視しながら（第3部 第1章参照）、2人で話を再構築する活動の形をとることが重要です。聞き手の聞き返しや確認のための質問という、中級レベルの話者ができることで、相手が理解しているかを意識することが、「内容を聞き手にわかりやすく伝えようとする意図、話をどのように進めようかという計画性」を育てることに直結し、上級の口頭段落を作る能力を育てることになります。

資料9　4コマ漫画の構造の談話

1	A：	先週の火曜日は日本語の試験だったよね。	<起> 新しい出来事の始まり
2	B：	うんうん。	<起>
3	A：	だから、週末にたくさん勉強したんだ。遊ばずに。	<起>
4	B：	うん。それで？	<承> さらなる展開
5	A：	徹夜で勉強しようと思って、食べ物をたくさん買って食べたり飲んだりしながら一晩中勉強したんだ。	<承>
6	B：	うんうん。がんばったね。	<承>
7	A：	でも、試験の1時間前になったら急にお腹が痛くなって。	<転> ハプニング

```
 8    B:   うそっ！　で、それで？           <転>
 9    A:   それで、下痢して、トイレと教室を行った  <結>
           り来たり…                     意外な結末
10    B:   ええっ、じゃ、テストの成績は？      <結>
11    A:   ……
```

　上の例のような比較的シンプルな構造の話をいくつか用意し、クラスで再構築したあと、次の作業に移ります。

3.1.3　本作業－タスク２：セグメントに分けること・5番目のモジュール

　体験談を話すという言語行為には、体験を通して自分と自分を取り巻く世界をよりよく知るという「学び」があり、それが5番目のモジュール（反省・振り返り・分析）となって現れることがあります。次のタスクでは、教師の実体験を単に羅列した文の形で書き起こしたもの（段落の頭下げもなく、接続表現・指示表現を故意に抜いたもの）を、4つのモジュールに並び替える協働作業（ペアワーク）をします。作業終了後に、同じ実体験の音声ファイルを聞きます。この音声ファイルは、学生が並び替えた話の内容と同じものが録音されていますが、最後に、「反省、振り返り、分析」が足されています。ここで、学生は、4つのモジュールのあとに、もう一つのモジュールが存在することに気づきます（Schmidt, 1990）。学習者は、この5番目のモジュールの内容を筆記し、このモジュールでどのようなことが語られていたかを考えます。

3.1.4　本作業－タスク３：言語要素に注目

　次に、音声ファイルに出てきた接続表現、指示表現、文末表現をピックアップするタスクをします。ここで学習者は文末に「〜んです」が頻繁に使われていることに気づきます。ストーリーのナラティブ機能（「段落構築のための要素」資料10）、描写機能（聞き手の頭の中に詳細ではっきりとしたイメージを浮かび上がらせる工夫）のある表現（オノマトペ、名詞修飾構造など）もピックアップしていきます。（資料10）。

俵山（2013）は、日本語母語話者と非母語話者が、4コマ漫画の内容を伝える口頭の語りから、「いかなる言語表現を用いて終結の意図を聞き手に伝えるか」について分析しましたが、ストーリーを1点に向けて収束させる言語要素として、指示語を含む表現や注釈節、または「という＋名詞（ことがら）」を表す名詞句が母語話者の談話には顕著に現れることを指摘しています。母語話者の場合、「結局、どうなったかっていうと」などの注釈節や、「～っていうオチ」「～という話」「～ということ」などの表現を使いながら、話の終結部であることを示しますが、そのような表現が非母語話者には少ないと報告しています。

資料10　面白いストーリーの構造要素

談話ナラティブの構成要素	段落構築のための言語要素
1＜起＞背景の設定 いつ、どこで、誰が、何をした・していた時	～のときに ～んですけど ～んです。
2＜承＞ 話の展開に必要不可欠な情報・出来事	そして・それで・でも ～んですね。
3＜転＞ 語り手も聞き手も予想しなかったハプニング	そしたら、 ～たら、 ～んですよ。
4＜結＞ 話の結末	で・それで・～たら、 ～んです。
5＜振り返り・反省・分析＞ この経験から何を学んだか・どんな感想を持ったか	やっぱり、＜学び・感想・分析＞と思いました。 ～ですね。

　学習者の談話を聞いていると、中級-下のレベルの話者が「で、どうなったかっていうと」や「～っていう話・オチ・ストーリーですよね」のような表現を巧みに使うのはまだ難しく、かえってそのような表現を試みてほかの部分の正確さが失われ、その結果コミュニケーション

がうまくいかないことが多いとわかりました。そこで李（2000）が報告しているように、語り手が物語を終了するために行う言語行動として、「出来事から得た結論を述べる」「出来事に対する感想・意見を述べる」ことを取り上げ、本節の活動に使ってみました。これが5番目のモジュールに当たり、段落を終わらせる結論の機能を果たしています。「つながりのない文の羅列」から「結束性を持つ段落」へとスピーキングの質を向上させるには、上記のようなモジュールを使って、段落構成を明示的に示すのが効果的だと思われます（段落については、第3部 第1章参照）。

3.1.5　本作業－タスク4：自分のストーリーを共有してもらう準備

　本作業は、いよいよ各学習者が共有したいストーリーを組み立てる段階に入ります。配布プリントにある注意事項を読み、自分のストーリーで5つのモジュールを埋めることを宿題として課します（資料12）。注意事項として、以下の5点が明記されています。

① 展開のわかりやすいストーリーを選ぶこと
② オチがはっきりしているストーリーを選ぶこと
③ 新しい単語をたくさん使わなくてもいいストーリーを選ぶこと
④ 聞き手が共有しやすいようなテーマのストーリーを選ぶこと
⑤ 描写が比較的簡単なストーリーを選ぶこと

5つのモジュールを埋めることによって談話ナラティブの再構築作業をした学習者は、教師の協力を得て、意味の不明な点、文法の不正確な箇所を修正し、再構築された話が一層わかりやすい形になるように磨き上げていきます。

3.1.6　本作業－タスク5―実践

　次に、50分間でなるべく多くのクラスメートと面白い話を共有します。はじめの7分間で「一人予行演習」をしたあと、グループで面白い話の共有をします。長方形の形に並べた机の両脇に椅子を一列に並べ、机を挟んで対面した相手とストーリーを語り合います。このとき、

資料 11　談話ナラティブ準備シート

談話ナラティブの構成要素				
Background 背景の設定	Development 話の展開	Turn Happening ハプニング	Twisted Ending 結末	Reflection 振り返り
		★		
	★			
★			★	★
①	②	③	④	⑤

　前日に用意した準備シート（資料12）を見てもよいとし、聞き手役の学習者は、別のフィードバックシート（資料13）に、物語の展開がわかったか、オチで驚く・笑うことができたかなどをチェックし、話が終わったあとで簡単に感想を書き込み、そのシートを語り手に手渡します。語り手は、そのフィードバックをもとに、より効果的な伝え方を考え、次の聞き手に同じ内容を伝えます。相手を変えて3〜4回繰り返します。同じ話を違う相手に伝えるうちに、同じ箇所で意味の交渉を繰り返す学習者もいれば、相手が変わるたびに聞き手の反応が違うことに驚く学習者もいます。教師が観察していて驚くことは、3回目4回目になると学習者のストーリーの伝え方が上達していることです。学習者の表情も生き生きとしたものになり、ジェスチャーも多くなるようです。

❹ まとめ

　本章では、2024年版ACTFLガイドラインの定義による話す能力が中級–下の学習者が、教科書から離れて上級のナラティブに挑戦するプロジェクトを2つ紹介しました。
　ただやみくもに発話量を増やす練習を繰り返しても、上級には近づ

けません。時間をかけて組み立てたストーリーを、聞き手にうまく伝える工夫をすることによって、より質の高いものに練り上げることができ、ACTFLガイドラインの上級話者に近づくのです。実社会では、上記の練習がホストファミリーとの会話、インターンシップ先でのプレゼンテーション、インターンシップの仲間との会話などをより豊かにし、円滑なコミュニケーションへと導いてくれるでしょう。

　本章で紹介した2つの活動例は、時事ニュース・映画のあらすじ・ものの作り方の手順を教えることなどにも応用できます。同様に、ストーリー伝達に使う言語を意識的に操作すること、またその必要性に気づくことは、円滑な人間関係の構築をめざした言語ストラテジーとも考えられ、上級話者になるための基礎づくりとなります。

Story-telling Practice Feedback Sheet
体験談の共有練習フィードバック

1. Listen to your classmate's story attentively and give what you noticed as concrete and constructive feedback.
   クラスメートの体験談をよく聞いて、気づいたことをなるべく具体的にコメントする。
2. Negotiate meaning when it's unclear.
   意味が不明の時は、意味の確認をする。
3. Notice how the storyteller changed their wording/phrasing after your questions/negotiations.
   クラスメートが、どんなことばを使って言い換え・言い直しをしたかに注目する。

Feedback from _____ to _____ (Storyteller)

資料12

① Background Setting いつ、どこで、何について		Cohesive Devices ～（の）時 ～んですけど、 ～んです。
② Essential + relevant information to the story 必要な情報だけ		Cohesive Devices で、それで、それから、でも、 ～んですね。 ～んです。
③ Happening (Something not expected) ハプニング 予想していなかった展開		そしたら、 ～たら、 ～んですよ。 ～ですね。 ～たら、 オチ ↓
④ Twisted ending (a nosedive!) びっくりの結末		～んですよ ～んです。
⑤ Speaker's +hearer's Assessment 振り返り		やっぱり ～ですね。 ～と思いました。

久保百世　2章　●中級－下から上級をめざす活動

資料13　フィードバックシート

	You nailed it! すごい！ よくわかった。	I got it so-so. (Write down the part that was unclear) だいたいわかった (不明なところをメモする)
Module 1 Background info. モジュール1 背景情報		
Module 2 Essential & relevant info. モジュール2 展開―必要な情報だけ		
Module 3 Happening モジュール3 ハプニング		
Module 4 (Twisted) ending モジュール4 結末		
Module 5 Reflection モジュール5 振り返り		

I got less than half. (Write down the words you didn't understand) わかった部分が半分以下だった (不明なところを書き留める)	Use of the cohesive devices—effective? 体験談に使う文法装置を効果的に使っていたかどうか

参考文献

American Council on the Teaching of Foreign Languages. (2012). *ACTFL performance descriptors for language learners*. Alexandria, Virginia: ACTFL.

American Council on the Teaching of Foreign Languages. (2024). *ACTFL proficiency guidelines 2024*. Alexandria, Virginia: ACTFL.

Canale, M. & Swain, M. (1980). Theoretical bases of communicative approaches to second language teaching and testing. *Applied Linguistics, 1*, 1-47.

Conti, G. https (2017). Modern language instruction. Retrieved on August 21, 2017, from http://gianfrancoconti.wordpress.com/2017/07/15/13-commonly-made-mistakes-in-modern-language-instruction/

Schmidt, R. W. (1990) The role of consciousness in second language learning. *Applied Linguistics, 11*, 129-58.

倉八順子 (2006).「第二言語習得に関わる不安と動機づけ」縫部義憲 (監修), 迫田久美子(編),『講座・日本語教育　第3巻』(pp.77-94). スリーエーネットワーク.

佐藤慎司・熊谷由理 (2010).『アセスメントと日本語教育—新しい評価の理論と実践—』くろしお出版.

俵山雄司 (2013).「語りの終結部の言語的特徴—日本語母語話者/日母語話者による4コマ漫画の内容を伝える語りから—」『群馬大学国際教育・研究センター論集』第12号, 50-70. 群馬大学国際教育・研究センター.

李麗燕 (2000).『日本語母語話者の雑談における「物語」の研究　会話管理の観点から』くろしお出版.

掲載資料

資料1　作成者：久保百世 作成協力者：村松千恵
資料2　作成者：久保百世 作成協力者：村松千恵
資料3〜14　作成者：久保百世

2章 ●中級-下から上級をめざす活動

久保百世

3 中級－中・上の学習者が上級をめざす活動

高見智子

❶ はじめに

本章では2024年版ACTFLガイドラインの中級–中・上の学習者が上級をめざすための活動について考えます。まず特に上級に到達する鍵として、①質・量ともに豊富なこと、②段落の「テキストタイプ」を産出できること、③身近な話題や社会問題について、しっかりと描写・叙述し、積極的に会話に参加すること、という3点について述べます。それから、上級をめざす学習者への指導の注意点と、学習活動の枠組みを提示します。さらに上級をめざすときに課題となる3点に効果的であると考える活動例を、目的・手順・指導のポイントに触れながら紹介し、上級プロフィシェンシーをめざす学びの提案をします。

❷ 上級をめざす中級学習者の重要課題

筆者は2024年版ACTFLガイドラインの中級–中・上の学習者が上級へとプロフィシェンシーを伸ばすことを目標の一つにしたコースを20年ぐらい担当していますが、その経験から特に中級レベルの学習者が上級に到達する際の課題点として重要な点が3つあると考えています。

① 発話が質・量ともに豊富ではない。
② 文レベルの談話を産出することはできるが、口頭段落レベルを維持することはできない。
③ 地域社会、国レベルまたは国際的なレベルにおいて関心を集めている話題に関する会話に積極的に参加できない。

上記の点について、上級に達していない学習者の実際の発話例を見てみましょう。次のやりとりはコースの終了時に行ったインタビュー

テストの一部です。試験ではできるだけたくさん積極的に話すようにという指示をあらかじめ出してあります。ここでは、コースで学習した日本の企業の一つである任天堂について、質問しています。

抜粋1：インタビュー実例

1	教師：	任天堂について勉強しましたが、面白いと思った点はあ
2		りますか。
3	学習者A：	<u>任天堂のいろいろなゲームがあります。今こども時スー</u>
4		<u>パーマリオだけがあるんだと思います。そしてあとポケ</u>
5		<u>モンは人気になりました。今、いろいろなグループあり</u>
6		<u>ます。たとえば子どもと年寄り人と。</u>
7		<u>そして、もうそれローカリゼーションは面白いだと思い</u>
8		<u>ました。</u>
9	教師：	ああ、そうですか。
10		Aさんは脳トレとかしたことがありますか。
11	学習者A：	え、と、脳トレーニングは面白いと思いました。
12		例えば私のお父さんとお母さんはパズルだけします。
13		私はすどくが好きですね。あの、タングラムをわかりま
14		すか。中国のゲームです。
15		も〜。え〜と、説明はちょっと難しい。
16		でも、シェイプをつかうと写真を作ります。
		（下線は筆者によるもの）

　任天堂について、面白いと思った点はあるかという質問に対して、学習者は、①任天堂がいろいろなゲームを作り出していること、②ゲームプレーヤーが子どもからお年寄りまで、さまざまな年齢層の人であること、③ゲームがさまざまな国や地域に進出する際にローカリゼーションが行われているという3点（下線部）を単純な文で述べていま

す。①のいろいろなゲームがあるという点については、「子どものときにはスーパーマリオだけのゲームだったが、今はポケモン（のゲーム）も人気になり、いろいろなゲームがある」と補足しています。また、②のいろいろなグループがある、という点については、子どもや年寄りなど、違う年代層のゲームプレーヤーのグループがあるということを述べていると思われます。しかし、聞き手に全体の内容を理解してもらうためには、文と文のつながりが弱く、説明が不十分です。また③の面白い点を述べている箇所の「それ」（7行目）という指示語も何を指しているのかわかりませんし、補足コメントもありません。これらの解釈は、筆者（非母語話者の発話に慣れ、かつ、授業内容を理解している）がこの学習者が言わんとすることを理解しようと努めながら行いました。しかし、「非母語話者の発話に慣れていない人にも理解してもらえる」という、上級レベルの基準から見ると、不完全なものであると思われます。その理由は一つひとつの文の意味がわかったとしても、文がどうつながっているのかわかりにくく、しかも圧倒的に発話量が少なく説明不足であることにあると考えられます。2024年版ACTFLガイドラインに照らし合わせて考えると、任天堂という一般的な話題のトピックについて文レベルでは談話を産出できているが、口頭段落レベルに達しておらず、発話が質・量ともに豊富ではないことがわかります。

　これらの課題点をふまえ、次節では中級の学習者が上級のレベルに到達するためにどのような指導をすればよいか提案したいと思います。

❸ 上級をめざしたクラスの展開

　前節では、上級をめざす中級学習者の重要課題を3つ述べました。本節では、それをふまえて、肝要だと思われる2つの点を強調したいと思います。

3.1　学習者が「実際に日本語を使う」機会をクラスで作る

　中級レベルの授業になると授業の全部、あるいはほとんどを日本語で行い、授業では「実際に日本語を使っています」という教師が多い

と思います。しかし、筆者がここで強調したいのは「クラスの外の実際の生活や場面のように真の意味でコミュニケーションのために日本語を使う」ことが重要だということです。教室のやりとりのほとんどが、質問－答え－評価（Initiation-Response-Evaluation: IRE）であり、教室は特別な場面のコミュニケーションであると指摘される通り、そのようなやりとりは教室内での学習のためには必要なものかもしれませんが、クラスの外で行われる「実際に日本語を使う機会」に近いものなのかどうか一考する必要があります。

　上級をめざす学習者にとって「身近な話題や社会問題について積極的に自分の意見を言う、話し合う」という学習活動は重要ですし、また、よく行われている学習活動の一つでしょう。では、そのような活動での学習者の発話の間違いに教師はどう対応しているでしょうか。筆者が以前見学したクラスでは、ディスカッションのあと、学習者の文法や表現の間違いをそのままにせず、発話のあとに先生が丁寧に正しく言い換えて間違いを直していました。その結果、毎回、学習者は間違いを恐れ最小限の発言をするのみで、まるでお葬式のようになってしまっていました。これが「日本語の教室」外であればどうでしょうか。誤解が生じる、言っていることがわからないなど、コミュニケーション上問題がある場合、聞き返したり確認したりするでしょう。しかし、意味がわかれば、文法的な間違いがあっても、直す人はいないと思われます。ディスカッションは本来、ある議題について参加者が意見の交換・協議をする場です。間違いを頻繁に直すと、本来のディスカッションの目的が達成しにくくなってしまいます。このように、日本語のクラスでもし「学習者の発言の文法的な正確さを向上させる」ためだけにディスカッションが行われるなら、それは「実際に日本語を使う」場とかけ離れてしまう可能性があると言えるでしょう。

3.2 「文法ポリス」にならずに「正確さ」をサポートする

　プロフィシェンシーを重視した学習は決して正確さを無視したものではありません（第1部 第2章参照）。上記のディスカッションの例では一つひとつの間違いを直す弊害について述べました。では、「正確さ」の指導はどのようにしたらよいのでしょうか。

渡辺（第1部 第2章）にもあるようにそれぞれのプロフィシェンシーレベルで求められる「機能・総合タスク」で必要になる文型や表現は異なります。タスク練習をする際に、重要な文型や表現などの練習をしたり、エラーフィードバックのときに、間違いの部分に注意を払ったりするなど、正確さを重視した練習は効果的でしょう。

　しかし、中級以上であれば、正確さを重視した練習で終わることなく、そのあとで、前述した「実際に日本語を使う」活動につなげるべきであると言えます（活動の流れについては後述の第4節参照のこと）。そして、「実際に日本語を使う」学習活動でのエラーフィードバックも2024年版ACTFLガイドラインから大きな示唆が得られます。2024年版ACTFLガイドラインによると中級レベルの正確さは「非母語話者に慣れた話し相手に、ときに繰り返したりすることはあるが、理解してもらえる」であり、上級になると「非母語話者に不慣れな話し相手でも問題なく理解してもらえる」です。この基準を軸としてエラーフィードバックの重点や方法を決めることができます。例えば、ディスカッションでは「非母語話者に不慣れな話し相手でも問題なく理解できる」なら止めず、理解してもらえないであろう間違いには言いたいことの確認をとります。必要であれば、ディスカッションを録音し、学習者に聞かせて、何を直したらスムーズに理解してもらえるか検討する指導も可能です。重要なことは、それぞれの活動の目的をはっきり描き、その目的に応じて正確さについての指導をするということでしょう。

　以上プロフィシェンシーを重視する学習について大きな点で2つの注意点をあげました。次節では、より具体的に中級の学習者が上級のレベルに到達するための活動を述べたいと思います。

❹ 学習活動の枠組み

　筆者は米国の大学で2000年から中級後半レベルの「ビジネス日本語」コースを教えています。中級から上級に伸ばすことをコース目標の一つにしてコースデザインを試み、指導してきました。本節では、そのコースでの指導案の例を使ってプロフィシェンシーを重視したコース

の学習活動の枠組みを提示します[注1]。

　ここで紹介するプロフィシェンシーを重視した学習活動はNunan（2014）が提案する「理解－産出－インターアクション（Process, Production, and Interaction）の流れを応用したものです（Takami, 2008, 2010, 2017）。この順序で行う活動は、内容学習・言語学習がともに、一段ずつ階段を上っていくように足場かけがされます。言語学習については中級レベルの学習者が比較的無理なく行えるようなもの（例えば「日常的で身近なトピック」について話す。文レベルで答えるなど）を「理解」の段階でウォーミングアップとして行います。次に、新しく学習した語彙や文法などを適切に使うことに力を入れる「産出」段階が置かれています。最後に「インターアクション」の段階で、身近な話題や社会問題について、段落レベルで積極的に話すことを求めるという、上級の活動につながっていきます。

＜手順＞
(1) 理解-a：前作業
　　トピックについて自分との関連を考えたり、トピックについての知識を深めるためにグラフや表などの資料を読み取ったり、短い読み物を読んだりします。比較的言語的な負担が少ないレベルで、次の段階でふれる読み物へのスキーマビルディングを行います。ここで行う学習者同士の会話活動は「自分の経験や身近なトピックについて話せる」という中級レベルの能力で無理なく行えるものです。
(2) 理解-b：読み物を中心とした新情報（内容・語彙・表現）の理解
　　学習内容の中心となる読み物を読み、内容を理解します。読み物は中級-上から上級の学習者に合うようなものがよいでしょう。読み物には新出語彙表や重要文法・表現の解説などをつけます。さらに読み物の大意が理解できているかの確認問題を行うと効果的です。
(3) 練習-a：正確さを重視した語彙・文法練習
　　読み物で学習した新出語彙や文法を正確に身につける練習です。この段階では、正確に使うということを目的にした文単位の練習問題

注1　これらの活動をまとめたものが『中級から伸ばす：ビジネスケースで学ぶ日本語』（高見 2014）という教材としてthe Japan Timesより出版されています。

でもよいでしょう。「文法ポリス」にならないようにと前述しましたが、それは、ディスカッションなどでの指導についてであって、ここでの語彙練習、文法練習においては、学習者の間違いにしっかりとフィードバックし、正しい文を作れるように指導すべきです。

(4) 練習-b：読み物トピックについての表現練習

読み物を確実に理解した上で、読み物の内容、トピックについて自分のことばで説明をする活動をします。これは上級の「機能・総合タスク」を意識した学習活動です。また、段落レベルの発話に近づけるように、段落についての意識を高めるようなアクティビティも効果があります。例えば、読解指導の際に読み物の各段落のまとめをしたり、どのように論理が展開するか考えたり、読んだ内容について自分のことばを使って段落レベルで答えるような問いを加えることができます。これらのような、段落についてのメタ活動が学習者にとって段落レベルで発話するのに役に立つでしょう。これらの学習活動は、コミュニカティブな活動を中心とした次のステージへの準備になります。

(5) コミュニカティブな活動：インターアクション

ここでは自分が持っている日本語の知識や能力をフルに使って自分のことばで話す、コミュニケーションをする、という実際に言語を使う活動を行います。ジグソータスク（後述）、意思決定タスクやディスカッションなど、学習者が積極的に意味の交渉を行うことができるコミュニカティブな活動を行います。これらの活動中には細かい文法ミスへのフィードバックをあえて行いません。ディスカッションでは、自分の意見や考えを伝え合うことが目的であるからです。この段階の活動では、学習者が自由に話す機会を作り、教師はそれをモニターする、あるいは一人の参加者として参加します。そして、学習者にとって重要であると思われる間違いがある場合は、活動終了後にフィードバックを行ったり、あるいはタスクを録音し、あとで録音したものをもとにフィードバックをしたりします。

次節では、上級をめざす学習者にとって「言語を実際に使う機会」であるコミュニカティブな活動の具体例を紹介します。

❺ 活動例

　本節では、言語を実際に使う機会となる「コミュニカティブな活動」を具体的に紹介します。一つはジグソータスクと呼ばれる、段落構成を考える活動です。「テキストタイプ」を段落にするのは上級をめざす学習者に重要な点ですから、学習者が段落とは何か、どのように文と文が結束し段落を構成するか、どのように話が展開するか、というメタ知識を持つことが助けになると考えます。もう一つは中級の学習者にとって難しいとされる身近な話題や社会問題について、量・質ともに豊富に話すことを目的としたニュースのプレゼンテーションです。

5.1　ジグソータスク

　ジグソータスクとはひとまとまりの読み物をいくつかの部分に分け、グループの各参加者が一つの部分を担当し、それを持ち寄って一つのジグソーパズルを完成するような協働作業を行う活動です (Richards, 2001)。学習者それぞれが担当した部分の内容を自分のことばを使って話し合い、順番を決定し、もとの文章の順序に並べ直すという目的を遂行するためにコミュニケーションを行います。

　ジグソータスクは、タスクを遂行するために理解可能なインプット、アウトプットが必要とされるため、学習者同士の「意味の交渉」が活発に行われるコミュニカティブな活動です。上級をめざす学習者に対しては、身近な内容、社会問題に関して、複数の段落から構成されている読み物を用意することを勧めます。

　上級をめざす学習者を対象としたジグソータスクの目的と手順を見てみましょう。

＜学習目的＞
(1) 段落の意識、話の展開に対する意識を高める
　・段落を読み、段落のトピックのまとめを効果的に行う
　・指示語や接続詞に注意を払う
　・話の流れや展開を考える

(2) 意味の交渉をする力をつける
- 読んだ段落について自分のことばでわかりやすく説明する
- 内容がわからないときには効果的に質問をし、自分が必要な情報を聞き出す
- 話し相手に自分が言いたいことが伝わらないときには、言い換えたり説明を加えたりして相手がわかるように伝える

<手順>
(1) 読み物を一つ用意する。トピックは身近な話題や社会問題を選ぶ。読み物は複数の段落で構成されているが、一つの段落を1枚にしてカードを作る。最初の段落をAのカードとして、残りの段落の順番をばらばらにしたあとに、それぞれにB、C、D、Eと記号をつける。
(2) 共通の部分として、読み物の最初のカードとなるAを全員で読み、トピックの確認をする。
(3) A以外のカードの数と同じ人数のグループにする。それぞれの学習者が1枚のカードを担当する。人数が合わない場合は一人が2枚のカードを担当するなどして対応する。各グループで話し合いを進めるリーダーと話し合いのメモを取る書記を決めておく。
(4) 学習者は自分が担当するカードを黙読し、内容を理解する。グループ内でそれぞれのカードの内容を説明し合い、それぞれがどのようにつながるか、段落の順番を話し合う。段落の内容を説明する際にはカードを読まないように、カードを見ないで自分のことばで話すように気をつける。
(5) グループでAのカードに続く順番を決定し、クラスで発表する。
(6) クラスで答え合わせをする。クラス全員でそれぞれのカードを正しい順序で読み、段落の流れを確認する。段落の順番を理解する際に重要なポイントとなる指示語、接続語や論旨の展開などに注意する。

　学習者がどうしてこの活動をするのかという学習目的をきちんと理解することが非常に重要です。単なるゲームではないということ、段落の順番が正解になることだけではなく、それについて決定するまでのプロセスにおける言語活動そのものが大切だということ、コミュニ

ケーションが円滑に進むように効果的に内容を伝え合い、お互いが助け合うことが大切であるということを学習者に説明します。伝え合うことが重要であるという考えは上級話者に必要とされるコミュニケーションストラテジーを使う練習につながります。上級話者は複雑な状況や予期せぬ出来事によって起こる言語的に説明するのが難しい状況でも別の表現に言い換えたりするコミュニケーションストラテジーを使うことができます。ですから、このような活動を取り入れることも中級の学習者に効果的です。

　はじめてこの活動を行う際にはそれぞれのグループの話し合いを録音し、学習者に聞かせて、振り返りをするという活動を付け加えてもよいでしょう。どのような質問や発言が段落構成を考えるのに効果的だったか、振り返る機会が与えられます。また、教師にとっても録音は有効です。複数のグループが存在する場合、教師はそれぞれの話し合いにずっと付き添うことができないので、それぞれのグループの話し合いの録音を聞くことで、どのようなフィードバックや指導を与えればよいか考えることができます。

　以下はジグソータスクをはじめてクラスで行った際のもの[注2]です。

　このグループはほかのグループの約半分の時間でジグソータスクを終え、正解を出しました。ほかのグループとの違う点はリーダーとなったマリーが中心となって、非常に早い段階で論旨の展開を話し合っていることです。ほかのグループの学習者はそれぞれ自分のカードのまとめをしてから順番の話し合いをしましたが、このグループでは人数調整のために2つのカードを担当したマリーが、担当した2つのカードが関連しあってつながることを指摘し（6行目）、ほかの学習者のカードのまとめを聞いて、すぐにそのカードがどのように関連していくかという、論理の展開について積極的に話しています（29-30行目; 32行目;44-45行目; 47-50行目）。

注2　学習者の名前はすべて仮名です。

抜粋２：会話実例

1	マリー：	じゃあ、Bからはじめましょう。どうぞ。
2	ケント：	はい、じゃ、あのクーを日本で開発し、販売すると大ヒッ
3		トになりました。そのあとで東アジアとひがし、みなみ
4		…ちょっと単語忘れた。ひがしみなみアジアとヨーロッ
5		パのドイツでクーを売っています。
6	マリー：	あの、私のはCとE、つながっていると思います。
7		あの、Cはプロモーションについて話していて…飲み物
8		を作った前にどういうようにこれをプロモートしたいか、
9		なんかキャラクターとかを作ってそのあとに飲み物を作
10		る、あの、順番があって、それはCで、そのあとにEは、
11		もっと具体的になんか、体にいい、楽しい飲み物のあと、
12		キャンペーンとかプロモーションとかするためにたくさ
13		んの例があって、大人と子どものコミュニケーションの
14		大切さのテレビ番組とかについても話していたから、な
15		んかCはもっと、CのあとにEはもっと具体的とかちゃ
16		んと例があって、Cはもっとあいまい？　だったと思い
17		ますから、CのあとにE…その順番があるとお、思い
18		ます。
19	スーザン：	それからDで、クーは大ヒットになって、あの、かわい
20		いの…
21	マリー：	おもちゃ？
22	スーザン：	おもちゃ…ああ。かわいいのビンを作りました。
23	ケント：	あああ
24	スーザン：	クーは…クーは…うーん。クーは売り上げをあああ、あ
25		がって、×××しました。

26	マリー：	大ヒットになったことはDでした？
27	スーザン：	はい
28	ケント：	う〜ん
29	マリー：	じゃ、なんかAのあとにどういうプロセスで飲み物を開
30		発したのはC...でそのあと具体的にEで、
31	ケント：	うん
32	マリー：	そのあと日本に大ヒットで
33	ケント：	最後はB
34	マリー：	最後はヨーロッパとか
35	ケント：	ほかの国
36	マリー：	ほかの国に大ヒットになったと思います。どうですか。
37	ケント：	賛成です。
38	マリー：	賛成？　そう、ＡＣＥＤＢ…ＡＣＥＤＢ。あの、Dは日
39		本だけで大ヒットになったことですか。
40	スーザン：	はいはいはいはい
41	マリー：	ほかの国とかは、書いて？
42	スーザン：	はい、クーは２００１年で大ヒットになりました。
43	ケント：	あああ
44	マリー：	あああ、じゃ、Aのあとに、うん、Cだと思います。
45		CとEは具体的にプロセスについて話しているから。
46	ケント：	Eはプロモーション
47	マリー：	Eは、うん、具体的に…なんかCのあとにEが絶対つな
48		がると思う。具体的にどういうようにプロモーションと
49		かをしたのはEで、それはCのあとだと思います。
50		そうＡＣＥＤＢ

高見智子　3章　●中級−中・上の学習者が上級をめざす活動

筆者はこのクラスで活動後の宿題として、ほかのグループの話し合いの録音を聞き、効果的にジグソータスクをするにはどうしたらよいか考えてくるという課題を出しました。学習者たちの気づきは以下の通りです：

・段落のポイント：段落のメインアイデアを理解し、枝葉末端部分と区別することが大切である。中心文、支持文の関係を見極めることは論理構成や要旨を理解する助けとなる。
・段落同士のつながり：接続詞や指示語などが考えるヒントになる。
・論旨の展開：自分のカードを読んだり、ほかの学習者のカードを聞いたりしている間に話の展開を予想したり、それぞれのカードがどのように関連するのかを考えてみると効果的である。

　これらの点から、ジグソータスクは、段落レベルのカードを作ることで、段落構成についての知識を高める助けとなることが言えるでしょう。

5.2　ニュースプレゼンテーション

　上級をめざす中級レベルの学習者に勧めるもう一つの学習活動はプレゼンテーションです。これは身近な話題や社会問題に関して、質・量ともにしっかりと話せることが求められる上級への準備として非常に有効だからです。一人につき数分という決まった時間、プレゼンテーションをするということで、ある程度の長さの発話をする機会を与えることができます。プレゼンテーションのトピックは、上級レベルで必要とされる、身近な話題や社会問題となるものがよいでしょう。例えば、筆者はプレゼンテーションのトピックを日本のニュースにしています。学習者が日本についての新聞記事を事前に日本語で読み、クラスで自分のことばを使ってニュースの要旨のプレゼンテーションをし、そのあとでディスカッションを進めます。下記の手順で学習者が行います。

＜手順＞
(1) ニュースの決定
　学習者はそれぞれ興味があるニュースを選んで日本語で読む。
(2) ワークシート
　発表者である学習者は自分のニュースのワークシートを作成する。ワークシートは以下の3つを含む：
　・ニュースの要旨（7文以内）
　・新出重要語彙の英訳（5つの語彙に英語訳を作る）
　・ディスカッションの質問（3つ）
(3) 語彙リスト
　発表者である学習者はクラスメートに渡すための語彙リストを作る。上記のワークシートの語彙部分と重複する部分である。
(4) 記事のコピー
　発表者である学習者はクラスメートと教師に渡すためのニュースの記事のコピーを準備する。ただし、このコピーは発表が終わってから渡すものである。
(5) 発表
　クラスで、学習者が一人7分の持ち時間で新出語彙の紹介とニュースを発表する。
(6) ディスカッション
　発表のあと、ニュースについてのディスカッションの質問を提示し、クラス全体の話し合いの司会をする。

　新出語彙・ニュースのキーワードを5つに絞るのは、2つ理由があります。まず、新出語彙が多すぎると、聞いている学習者が語彙に気をとられて内容を理解するのが難しくなることです。もう一つは、発表者自身も「知らないことばを言い換える練習」が必要であることです。
　下に、ある学習者の実際のニュースについてのプレゼンテーションを文字化したものを一部紹介します。この学習者は義理チョコについて最近の日本人がどう考えているかというニュースの記事を見つけて発表しました。

抜粋 3. プレゼンテーション実例

　まず、義理チョコというのはどんなものでしょうか。まず日本のバレンタインデーの文化について少しだけ紹介したいと思います。アメリカとかヨーロッパでの文化はバレンタインデーのときには恋人とか夫婦とかお互いにプレゼントを、あの、贈る習慣があります。例えばお花とかお菓子とか。

　でも日本にはちょっと特別な文化があります。バレンタインデーには、えっと、一方的に女の人から男性にプレゼントをあげる習慣があります。その習慣になったのは70年代後半と言われていますね。そのときはいろいろなブランドがバレンタインデーチョコについての大きなプロモーションを出して、そしてチョコレートの消費が紹介するにあわせてどんどん広まっていたということですね。

　そしてチョコレートの種類が2つがあります。まずは本命チョコのことです。これは女性から好きな男性に愛情の告白として贈るチョコレートのことです。だって、だから一人は本命チョコを一つだけあげると思うんです。そして、義理チョコはこのニュースのトピックです。それは女性から恋愛の感情を持っていない男性にあげるチョコレートのことです。例えば友だちとか、クラスメートとか職場の上司とか同僚とか。

（中略）

　バレンタイン禁止というのは職場でバレンタインデーにチョコレートのプレゼントを禁止するということです。これを賛成する人、あるいはいいと思う人は、え〜、70パーセントがいます。そして、女性は男性よりもっと多くの人が、この禁止をいいと思います。これはなぜでしょうか？　理由はま、たくさんがあります。半分の人はあげる、またお返事することが面倒だと思います。これはそうだね、女性はたくさんのチョコレートを用意しなければなりません。あの、作る、または買うこともとても面倒です。そして、それに対してお返しを用意しなければなりませんの男性も負担も、うーん、とても重いです。だからその習慣が、そのものを、面倒だと感じているようですね。

この学習者は、簡単なキーワードが書いてあるだけのパワーポイントを見ながら、比較的流暢に上記の発表をしました。まず、与えられた約7分という時間をフルに使い、「義理チョコ」について、質・量ともに豊富な発話をしています。また、口頭段落レベルを維持し、話もスムーズに展開しています。さらに、この学習者はいくつかのキーワードを自分のことばで説明しようとしています。例えば、「本命チョコ」を「女性から好きな男性に愛情の告白として送るチョコレート」、義理チョコを「女性から恋愛の感情を持っていない男性にあげるチョコレートのことです」と説明しています。学習者は「本命チョコ」や「義理チョコ」を新出語彙として扱わず、英訳を与えませんでしたが、クラスメートが知らない可能性があると考え、紹介しているのでしょう。語彙を制限するということで、結果的にこのように語彙を言い換えたり、説明したりするコミュニケーションストラテジーを身につける練習になったと言えるでしょう[注3]。

❺ まとめ

　本章では上級をめざす中級―中・上レベルの学習者の指導の注意点や、「ジグソータスク」「ニュースプレゼンテーション」の活動例を提案しました。プロフィシェンシーを重視した授業をめざすために重要なことは、授業の目標、活動の目的を設定する際に、プロフィシェンシーレベルを考慮し学習活動をデザインすることです。さらに、目標

注3　この発表は下記のような3つのポイントについて簡単なルーブリックを作り、教師と聴衆である学習者が評価をしています。
①プレゼンテーションスキル
　○デリバリー（声の大きさ・話す速度など）
　○パワーポイント
　○聴衆とのアイコンタクト
②言語
　○適切な語彙・文法表現の豊かさ
　○正確さ
　○話の展開・段落構成
③内容
　○適切なニュースのトピックの選択
　○論旨
　○適切なディスカッションの質問内容

を学習者に伝え、話し合い、学習者と教師が共通して理解した目標・目的とすることが何より重要だと考えます。クラス活動を行う学習者自身が何のためにその活動を行うのか、学習目的をしっかりと理解する、つまり、学習者自身が自ら学習活動の意義を理解し、その目標・目的を自分のものにしてこそ、主体的な学びが実践できると言えるでしょう。

参考文献

American Council on the Teaching of Foreign Languages (2024). *ACTFL proficiency guidelines 2024*. Alexandria, Virginia: ACTFL.

Nunan, D. (2004). *Task-based language teaching*. New York: Cambridge University Press.

Richards, J.C. (2001). *Curriculum development in language teaching*. Cambridge: Cambridge University Press.

Takami, T. (2008). Employing international business cases for business language instruction. *Global Business Languages*, *13*(6). Retrieved from http://docs.lib.purdue.edu/gbl/vol13/iss1/6

Takami, T. (2010). Building connections between language and culture learning: A hybrid curriculum model for effective business Japanese. In M. Gueldry (Ed.), *How globalizing professions deal with national languages: Studies in cultural studies and cooperation* (pp.79-99). Lewiston, NY: The Edwin Mellen Press.

Takami, T. (2017). New approach to business Japanese instruction: Content-based instruction using business cases. *Journal of Japanese Linguistics, 33*, 65-74.

高見智子(2014).『中級から伸ばす ビジネスケースで学ぶ日本語』筒井通雄(監修). The Japan Times.

3章 ● 中級-中・上の学習者が上級をめざす活動

高見智子

4 ナラティブの指導
―体験談と手順説明を中心に―

渡辺素和子

❶ はじめに

　上級の機能の一つに「ナレーション」があります。例えば、ストーリーを話す、やり方を説明する、などがナレーションにあたり、この「ナレーションによる発話」は「ナラティブ」と呼ばれます。この章では、ナラティブがどのように成り立っているかを解説します。また、上級に達するために、ナラティブの中に、どのように「描写」を織り込むのが効果的かを示し、指導方法を提示します。

❷ 過去のナラティブとその指導法

　この節では、まず、過去の体験談の基本構造をおさえます。そのあと、最小単位のナラティブの指導法を説明し、最小単位のナラティブをどのように膨らませるか、さまざまな肉づけの方法を紹介します。

2.1　基本のナラティブ構造

　Labov (1972) のナラティブに関する研究では、採集した体験談のデータを分析した結果、6つの構成要素を発見しました。その6つの構成要素は以下の通りです。

① 要約
② オリエンテーション
③ 出来事
④ 結果
⑤ 評価
⑥ コーダ（しめくくり）

「要約」は、これから話すことのポイントを先に示す部分です。例えば、「子どものときは元気な子ってよく言われてたんですよ」だとしたら、自分が子どものときは元気な子だったというポイントを要約しています。次の「オリエンテーション」は、出来事の設定となる情報を伝えるもので、時、場所、登場人物とその背景などが盛り込まれます。例えば、「小学校1年のときだったかな、学校でよく、友だちのミカちゃんっていうのがいたんだけど、そのミカちゃんとよくドッジボールやってたんですね」というように、小学校1年という「時」、学校という「場所」で、ミカちゃんという「登場人物」を伝えることで、話の設定が整えられるわけです。もちろん、話の内容や聞き手がどれだけ背景的情報を共有しているかによって、詳しさは変化します。また、日常のたわいないエピソードで、登場人物が話し手しかいない場合だと、「昨日」という「時」の情報のみがオリエンテーションの役割を果たすこともあります。そして、たいていオリエンテーションのあとに、ストーリーの核心となる「出来事」が始まります（「出来事」については次に細かく見ていきます）。その出来事が展開されて、話のいわゆる「オチ」にあたるポイントにたどり着きます。ミカちゃんとのドッジボールの続きであれば、「で、あるとき、休憩時間にミカちゃんとドッジボールやったら、私の投げたボールがミカちゃんの顔に当たっちゃって、ミカちゃんそのまま倒れちゃったんですよ」と続きます。この出来事は、「ドッジボールをやった」「ボールがミカちゃんの顔に当たった」「ミカちゃんが倒れた」という3つの構成部分から成り立っていて、この3つの順序は変えることはできません。

　さて、ミカちゃんが倒れたところでストーリーは終わってもよいのですが、さらに、「結果」と「評価」のための情報を加えることもできます。

　「それで、そのあとしばらく、怪力って言われたんです。軽く投げただけなんですけど、私体格よかったから、普通の子どもよりすごい力があったんでしょうね」。ミカちゃんが倒れた出来事のあと、どのような結果になったかという内容は、「しばらく、怪力って言われた」ということになります。もちろん、ミカちゃんのその後について、例えば、「救急車で運ばれたけど、大したことはなかった」という情報も一つの

結果として成立するでしょう。また、「普通の1年生の子どもより体力があった」という情報は、解説的に施されていて、「元気な子だった」という話のポイントを評価してもらうために、また、ポイントを納得してもらうために加えられた情報と言えます。最後にコーダ（しめくくり）として、「まぁ、今でも球技のスポーツとか見ると、ミカちゃんのこと思い出しますけどね」と述べると話として終了したことが明確になります。

　6つの構成要素の中には、必ずしも加えなくてもいい要素があります。それらは、「要約」「結果」「評価」「コーダ（しめくくり）」で、それらを除外すると、必要最低限の要素はオリエンテーションと出来事となります。

　さらに、「出来事」を細分化してみましょう。「出来事」には少なくとも2つの節が必要で、次のような構成要素が見いだせます。

　　第1節目：はじまりの状況・はじめの動き（ドッジボールをやった・
　　　　　　ボールを投げた）
　　第2節目：出来事（ボールが顔に当たった・倒れた）

　そして、たいてい第2節目の内容は、予期していなかったことであることが多く、いわゆるオチ、または、パンチラインを構成します。ドッジボールは、人にボールを当てるゲームですが、人を気絶させるほどに当てることはしません。想定外だからこそ、驚きや感動などのストーリー性が生まれるわけです。この最低2つの出来事で最短のナラティブを作る活動案を紹介します。

2.1.1 活動案「ミニストーリー」

ミニストーリーの活動案は、次の手順で進めます。

(1) 基本形導入：XたらY
(2) 変化：ペアでXたらY創作発表
(3) 会話練習：「XたらY」→「コメント」
(4) ほかのポイント練習
(5) 自由課題：XとYを自由に
(6) 拡張：X1してX2たらY

まず、「①ある動作Xをしたら、②何かY（予想していないようなこと）が起こった」というパターンを、教師が動作と言語表現で示します。例えば、「①手を叩く　②予想していないことが起こる」というパターンを設定します。②の例としては、「電気が消えた」「『ギャー』と言った」「ジャンプした」「くしゃみをした」などがあります。まず、教師が①の動作をし、生徒に②のジェスチャーをしてもらって、①の出来事と②の出来事との連鎖を体感します。例えば、一人の学生に「私が手を叩いたら電気を消してくださいね」と授業の前に指示しておきます。そして、おもむろにクラスで手を叩くと、自然に電気が消えたように演出します。

数回動作の連鎖をしたあとに、「手を叩いたら、電気が消えたんですよ。不思議ですねぇ」というミニストーリーをインプットとして教師が発話します。そして、②をほかの動作（いすが倒れる、ドアが開くなど）に変えて、ミニストーリーの発話をしてもらいます。また、①の末尾を「手を叩いたんですよ。そしたら」に変えて練習することも大切です。この「〜したら」と「したんですよ・ね。そしたら」の2種類の接続方法を習得しておくことで、自己修正する力も身につくはずです。

次に、①の「手を叩く」を別の行動に変えます。一人の学習者が行動Xをすると、もう一人の学習者が関連性のない行動Y、あるいは、なんらかの現象Yを演じるというパターンをペアで考えて、発表してもらいます。

不思議な現象としての「XしたらY」のパターンが定着したら、今度は、会話のやりとりに当てはめてペアで練習します。

A ： さっき、先生が手をたたいたら、スミスさんがギャーって言ったんですよ。
B ： へー、変ですねぇ。
A ： そうですね。不思議ですね。

　このミニストーリーのやりとりが把握できたら、次は、「不思議だ」というポイントを別のものに変えて、ペアでジェスチャーを交えて練習します。もし、ペアで考えたものを発表したときに、パターンがきちんと定着していなかった場合は、「①一定の行動、②自由選択」のパターンに戻るなどして、一段階やさしいパターンに戻って、定着させてから、次の段階に移るのがよいでしょう。
　また、下の表のように、伝えたいポイントに焦点を当てて練習すると、学習者の創造力を伸ばす助けとなるでしょう。

伝えたいポイント	第1節目	第2節目
びっくりした	外に出た	ヒョウが降ってきた
	起きた	だれもいなかった
恥ずかしかった	ドアを開けた	他人の部屋だった
危なかった	窓を開けた	ガラスが割れた
ひどい目にあった	ラーメンを頼んだ	はえの入ったラーメンが出てきた
がっかりした	コンサートに行った	大雨が降って中止になった

　ポイントやテーマによっては、「〜たら」ではなく、ほかの形でつなげたほうが効果的なものもあります。例えば、「がっかりした・残念だった」という「伝えたいポイント」の場合、①〜したけど、②予想して

いたことが起こらなかった、だから残念だった、という展開が可能です。
「日本の大学に留学したけど、友だちがぜんぜんできなかったんですよ。残念でしたねぇ」という文が考えられます。

また、1節目で「〜して、〜して、〜して」というように行為の内容を順序を追って提示し、つなげていくこともできます。

A ： はじめは、3〜4人で練習して、夏休みには21人集まって、1週間ぐらい練習して、それで、大会3日前からは、先輩に見てもらって、大会に行って、それで、2位になったんです。

ミニストーリーは、ごく限られた情報と節だけで練習しますが、それが比較的スムーズに話せるようになったら、次は、第1節の前を拡張していく指導をします（手順の(6)）。例えば、以下のように、「Xたら、Y」の前に一つ節を加えます。

「外に出たら、ひょうが降っていた」
　　→「朝ごはんを食べて」＋「外に出たらひょうが降っていた」
「ラーメンを頼んだら、虫の入ったラーメンが出てきた」
　　→「駅前のラーメン屋に入って」＋「ラーメンを頼んだら、虫の入ったラーメンが出てきた」
「起きたら、誰もいなかった」
　　→「授業中寝ちゃって」＋「起きたら、誰もいなかった」

このように、時をさかのぼって少しずつ増やしていくことで、長さのあるナラティブを話すための基礎的な力を強化することができます。

2.2　肉づけ

さて、基本のミニストーリーが習得できたら、次は、肉づけをする練習をします。その方法として、以下の5つを紹介します。（カッコ内に前述のLabov (1972)の6つの要素との対応を示します。）

設定情報 （オリエンテーション）	オリエンテーションの部分で、時、人物、場所などを紹介する際に、それぞれについての背景となる情報を付け加える
事情説明 （オリエンテーション）	ポイントをより効果的に理解してもらうために知っておいたほうがよい事情の説明を加える
理由・動機 （オリエンテーション）	ストーリーの中でなぜそのような行動をとったかを説明する
描写 （出来事）	オリエンテーション以外の部分で、時、物、人物、場所やオチの部分を詳しく描写する
引用 （評価・コーダ）	登場人物が言ったことや思ったことを加える

2.2.1 設定情報（オリエンテーション）

「オリエンテーション」とは、ストーリーの設定となる場所、時、人物、物などを紹介し、詳しく描写して、それがどのようなものかを伝えることを指します。

「先週の金曜日に、松田さんとイタリアンレストランに行ったんだけど、ものすごく混んでいたから、そこはやめて、ハンバーガーになっちゃったんです」という、短い体験談を例にとると、オリエンテーションの情報としては、次のようなものが含まれます。

時　：先週の金曜日
人物：松田さん
場所：イタリアンレストラン

この情報で、聞き手の頭の中には、話し手と松田さんとが先週の金曜日にイタリアンレストランの入り口まで行ったというシーンが繰り広げられているでしょう。このように、ストーリーの場面設定をするのがオリエンテーションです。

もし、この時点で聞き手が松田さんのことを知らなければ、松田さんがどういう人なのか、話し手と松田さんはどういう関係なのかといっ

た情報を提供しておくと、聞き手も共感を持ちやすくなります。このような情報を挿入する場合、「あの、〜んですけど」というパターンがよく使われます。上記のナラティブでは、「松田さんと」と言った直後に「あの、松田さんは、職場の同僚なんですけど」のように情報を挿入することができます。

また、「時」に関しては、説明の必要がない普遍的な表現、例えば、例にあるような曜日や、年などは特に付け加える情報ではありません。ただ、「時」が、例えば、「小さい頃」「若いときに」などの場合は、範囲が広いので、少し範囲を狭めるような情報を足すことが効果的なことがあります。「小さい頃」なら「小学校低学年のとき」、「若いとき」なら「大学卒業してすぐの頃」などと言えば、聞き手に物心ついた年頃の子どもを想像させたり、社会の経験があまりなかった頃の人物像を想像させたりすることができます。

2.2.2 事情説明（オリエンテーション）

事情説明は、ポイントを理解、鑑賞、評価するのを助ける情報を説明する「オリエンテーション」の一つです。典型的なのは、文化の違いによる失敗談でしょう。例えば、日本で留学生が靴を履いたまま部屋に入ってしまったという失敗談をよく聞きます。この話を、「靴脱ぎ文化」のことをまったく知らない自分の友人に話したとしても、靴を履いたまま部屋に入るのがなぜ失敗なのかわかりません。それが失敗だとわかってもらうためには、「日本では玄関で靴を脱ぐ習慣になっているんだけど、それを知らなかった」と、まず「事情説明」をすることが必要です。そのあと、「はじめてホストファミリーのうちに行ったときに、そのまま入ってしまって、みんなが僕の足を見て『アー！』って言って…」のように続ければ失敗談を正確に理解してもらうことができます。

以下に、話のポイントを話し手の意図しているように理解してもらうために付け加える情報の例をいくつかあげます。

・国、地域、町、団体、家族の慣習、法律、規則など
・人物、グループなどの行動パターン、癖（よく遅れる人、コーヒー好

きの人、グループは月に一回旅行に出る、日本人はよく謝る）
・時代背景　（その時代はこういうのが当たり前だった）
・一定の地域、時代の流行や有名な人・物
・ある人、場所、物、情報、イベントがどれだけ特別か、珍しいか、貴重か

　学習者を上級に導くためには、事情説明を挿入することのできる力を身につけさせなければいけません。

2.2.3　理由・動機（オリエンテーション）
　私たちは、日常生活において、ある行動をする際に、毎回その理由を口に出すことは少ないでしょう。しかし、あとから振り返って自分の行動を人に話すとき、理由や動機を加えることはよくあります。

(1)　何が入っているのかと思って箱を開けてみたの。
(2)　やっぱり早く起きておかないと、準備とかに時間がかかってあとで焦るから、6時に起きたんですよ。
(3)　みんなで夕食のあと食べようと思ってケーキを買いに行ったんですね。

　(1)の場合、ただ単に「箱を開けてみたの」だけでもよいのですが、開けた動機や何を思っていたのかを言語表出して伝えています。(2)の例では、その行為をしなかったらどうなるか（早く起きないと焦る）という仮定の結末を理由にしています。(3)の場合は、ケーキを買いに行った目的（みんなで食べる）を付け加えています。また、理由・動機が何も思いつかない場合でも、「そこに箱があったから、箱を開けて見たの」「早起きしようと思って6時に起きた」「ケーキを買いたかったら（ケーキを買いに）行った」というように、あとからその行為を「したかったから」とか「しようと思って」など、特に深い動機づけなしに加えたりします。さらに、本当に理由がない場合は、決まり文句で「なんとなく」「特に理由はないんだけど」「何気に」という前置きを言ってから行為を述べたりします。このように理由・動機が言えるようになるためには、第2節のミニストーリーを練習したあとに、教師が「ど

うして○○したんですか。」と質問し、即興で理由や動機を述べる練習をするとよいでしょう。はじめは、決まり文句の「ただなんとなく」「特に理由はないんですけど」などをドリルとして練習した上で、自分で考えた理由・動機を創作させると流暢さを落とさずに練習できるでしょう。

生徒　：　きのう、外に出たんですけど、
教師　：　どうして外に出たんですか。
生徒　：　なんとなく外に出たんですけど、急にヒョウが降ってきたんですよ。

　このような決まり文句の理由・動機を取り入れて練習したあとに、決まり文句以外の理由・動機についてアイデアを出し合って練習します。以下は、理由・動機の例です。

(1) 理由
教師　：　じゃ、次は、自分で理由や動機を考えてみてください。「窓を開けた」だったら？　みんなどうして窓開けるんですか。
生徒　：　暑いから。
生徒　：　雨かどうか確かめるために
教師　：　じゃ、ちょっと言ってみましょうか。
生徒　：　きのう、暑いから窓を開けたんだけど、そうしたら、ガラスが割れちゃったんです。

(2) 展開とは逆の想定
教師　：　じゃ、開けなかったらどうなるかというケースも考えてみましょう。
生徒　：　開けなかったら、部屋が暑くなります。
生徒　：　開けないと、部屋が暑くなるから、窓を開けたんだけど…。

(3) 誰かに頼まれたというケース
教師　：　だれかそうしてって頼まれた場合も理由になりますよ。
生徒　：　父に開けろって言われたから窓を開けたんですよ。そしたら、ガラスが割れちゃったんです。

　このように、理由・動機をさまざまなシナリオを使うと同時に、さまざまな文法表現を使うことによって、いろいろな案が出るでしょう。

2.2.4 描写－オチ部分の詳述（出来事）

　オチの部分を詳しく描写することは、話の中で臨場感を増す効果があります。ミニストーリーでは、最後のポイントの部分は、一つの節で完結していましたが、そこで終わらずに、詳しく状態や状況を描写することで、そのポイントの部分を拡張することができます。

　A　：　暑かったから窓を開けたら、ガラスが割れちゃったんです。急にガラスがバーンって割れて、爆発したみたいでびっくりして…、目の前一面に細かいガラスがワーってなってて…。

　このように、「ガラスが割れた」という出来事を、割れたときの音（「バーンって」）、比喩（「爆発したみたいで」）、状況の詳述（「細かいガラスがワーって」）などを駆使して話せるようになると、オチの部分も、説得力が出てきます。

　Labov（1972）は、ポイントやオチに対する聞き手の反応を引き出す方法を、外的手法と内的手法とに分けています。外的手法は、「恥ずかしかったですね」「びっくりしましたね」などのように、話し手がオチに対する評価を明示的に述べる方法です。内的手法は、オチに当たる出来事やそれにまつわる状況を繰り返したり強い口調で言ったりすることでそこがポイントだということを暗示する方法です。例えば、上のガラスが割れた話だとすると、以下の例のように「ワーってなってて」もしくは「ワーって」という散乱した様子の表現を繰り返すことで、窓ガラスが割れたことがポイントだということを表しています。

　また、このほかに比喩を使って、出来事の様子を詳しく描くという手法もあります。この手法には、「よう」「みたい」などが典型的に使われます。

　A　：　ガラスがワーってなってて…、もうワーってなってて…、もうそこらじゅう、ワーって…。

　例えば、次の例のように、ポイントとなる状況に似た様子を、「みたい」や「よう」を使って付け加えるものです。

A ： ガラスがワーってなってて、海が光っているみたいでした。

　また、起こった出来事を起こらなかったことにしてどうなっていたかを加えることによって、オチのポイントを示す手法もあります。この手法には「もし○○していたら」「もし○○していなかったら」など仮定の文法パターンがよく使われます。

A ： もし、あのとき、私が窓を開けていなかったら、ほかの人が開けてけがをしていたかもしれないですね。

A ： 私じゃなくて、子どもが窓を開けていたら、大けがをしていたかもしれない、と思うとぞっとしますよ。

A ： あのときあんなに暑くなければ、窓を開けなかったのにね。

　出来事の核心部ではない周辺状況を描写するという手法も効果的な手法です。たいていは、起こった出来事の核心に関わる当事者や物について語りますが、それ以外の人や物の描写を加えることで、静と動の対比が生まれ、オチを際立たせることができます。例えば、割れた窓ガラスに対して、ほかの割れていない窓ガラスが大丈夫だったということを加えたり、ガラスが割れて焦っている自分と、それを見ているほかの人の様子を描写したりということが考えられます。例を見てみましょう。

A ： ガラスが割れて、ワーってなって…。ほかのガラスはぜんぜん平気なんだけど、私の開けたところだけ割れて…。

A ： ガラスが割れて、ワーってなって…びっくりして、でも、ソファに座ってた父なんかは、ただ見ているだけで、平気みたいで…。

　このように、その場の状況を、渦中の人や物と出来事に関わっていない人や物と比べることで、描写にひろがりを持たせることができます。

渡辺素和子　4章　●ナラティブの指導

2.2.5 引用

最後に、2.2.1～2.2.4のどの方法でも使える、「引用」について紹介します。例えば、規則や習慣について「事情説明（オリエンテーション）」を行うとき、「よく『人にはきちんとあいさつしなくちゃいけませんよ』ってホストファミリーのお母さんに言われてて」などのように、具体的に表現することが可能です。最後のオチの詳述でも、起こった出来事を見た人の反応を引用の形式で述べると、生き生きと描写することができます。そして、物体が主体となっている現象・出来事でも、擬声語や擬態語を使うことで、表現が豊かになります。次の2つの発話を比べてみてください。

(1) 先輩のことを、「君」をつけて呼んだら、ものすごく叱られたんです。

(2) 先輩のことを、「君」をつけて呼んだら、「お前何言ってるんだ！　お前は後輩だろう！」って言われて…。ものすごく叱られたんです。

(1)では、ただ叱られるという動詞のみでストーリーのオチの部分を表していますが、(2)では、叱った先輩のことばを引用することで、臨場感のある描写がされています。

❸ 現在、未来のナラティブ

現在、未来のナラティブは、現在形で順を追って手続きなどを説明していく「機能・総合タスク」です。例えば、料理の作り方や大学の応募の仕方などがあげられます。この項では、まず、「(動詞1) して、(動詞2) して、できあがりです」というような非常に単純な、料理の作り方を出発点として、手順（作り方）の工程を定着させてから、発話を伸ばし、最後に結論を入れる指導について述べます。

3.1　活動案：カップラーメンの作り方
＜用意するもの＞
　　4つのパネル（「湯を入れる」「フタを閉める」「3分待つ」「できあがり」のイラストが描いてある）

＜手順＞
(1) 動機づけのウォーミングアップ

　料理に興味のない学習者も興味をもてるように、日本の料理の絵や写真を見たり、珍しい食べ物、苦手な食べ物などを紹介したりします。そして、料理の作り方が日本語で言えるようになることが目的であることを確認しておきます。

(2) 語彙と表現方法の確認

　パネルを使って、動詞と語彙の導入をし、助詞も確認しておきます。

(3) 文法項目の確認

　「〜んです」などの文型や「それから」といった、役に立つ表現を確認します。「お湯をカップに入れるんです。それから、フタを閉めて、3分待ちます」や「お湯をカップに入れたら、フタを閉めて、3分待ちます」というように、いろいろと組み合わせることができることを明示して、ペアワークなどで練習します。

(4) 自分の選んだ料理の作り方を発表する

　自分の選んだ料理の作り方の説明を、パネルを作って発表するという演習で、宿題として出します。なかには、自分の持っている日本語能力以上に複雑な料理を選んでしまう場合があるので、パネルの枚数を例えば6枚まで、そのうちの1枚は、完成図であること、などの条件をつけたほうが工程が簡略化され、自分のレベルに合った作業になるでしょう。

3.2　発展拡張

　さらに、細かい描写の力をつけるために、工程の中で使われる物（材料、道具、書類など）を取り上げて、それについて描写をする作業をナラティブに織り込んでいく指導ができます。前項の料理の作り方を例にとります。料理の作り方で、描写を入れるのにふさわしいところとして、以下の4つについて考えます。

① 完成品の描写

　料理を作りはじめる前に、完成品を紹介するという設定で完成品を描写します。パネルなどに、完成した料理の写真などを用意して、

それを説明します。例えば、なぜその料理を選んだのか、その理由、その料理にまつわる思い出やエピソード、また、その料理はどのように有名なのか、いつ食べられるのかなどを描写することができます。下記は、3つの例です。

【チキンスープ】
「アメリカでは、よく病気になったときにお母さんが作ってくれる料理です」

【お好み焼き】
「広島に行ったときに、食べたんですけど、とてもおいしかったです。自分で作るのが楽しいと思います」

【インスタントのスパゲッティ】
「私は料理が下手で、ぜんぜんしません。うちでも台所はぜんぜん使いません。でも、このスパゲッティは、とっても簡単なので、私でも作ることができます」

② 材料の描写
　材料は、分量などを入れずにおおざっぱに列挙することから始められます。例えば、カレーだとしたら、「肉とじゃがいもと玉ねぎとにんじんとカレーのルー」と5つの材料だけで済ませることも可能です。次に、材料の1つか2つを取り上げて、おすすめの形状や種類、例えば、「玉ねぎは、なるべく新しいのを使ってください。そして、肉は、何でもいいですけど、私はよくチキンを使います」というような情報を加える練習をします。

③ 途中の仕上がりの状態についての描写
　どのぐらいまで焼くのか、どのぐらいになったら火を止めるのか、といった情報が必要な場合、時間のほかに、材料の状態を描写することで、調理の目安を伝えることがよくあります。文法パターンとしては、「XするとYになる」(例:「だいたい5分ぐらい煮ると、丸いのが上に上がってきます」)「XするまでYする」(例:「肉の色が

変わって、赤い色がなくなるまで炒めます」）などがあります。

④ 注意することとそれを怠った場合の結果についての描写

　Mayes（1996）の、料理番組での談話を分析した研究では、次の作業をするタイミングを説明する場合、「たら」が使われていて、「注意点」を説明する場合は、「と」が使われる傾向があったと報告しています。例えば、「肉の色が変わって、赤いところが<u>なくなったら</u>、野菜を入れてください。このとき、赤いところがまだ<u>あると</u>、肉が生なので、気をつけてください」の発話では、はじめの「赤いところがなくなったら」は、赤いところがなくなるという現象が起こって、そのあとに、野菜を入れるという野菜を投入するタイミングを示すときに「たら」を使っています。次の「赤いところがまだあると」は、生の肉を食べるとおなかを壊すという、何か間違ったことをするとどういう結果を招くかという形で、注意点を述べています。

　これは、料理の説明以外にも当てはまります。例えば、折り紙の作り方を考えましょう。「ここを山折りにしてください。折れ**たら**裏返して点線を谷折りにしましょう。ここにしっかり折り目がついていない**と**、仕上がりがきれいにできませんから、しっかり折ってください」という説明の中で、「たら」は、次の工程に移ることを示しています。これに対して、「と」は注意点を示しています。

3.3　その他の非過去ナラティブの例

　料理の作り方を例にとって、次のような流れの活動案を説明してきました。(1) 短い単純な手順で練習→ (2) 工程を拡張する→ (3) 描写を織り込むという三段階です。料理の作り方のほかに、非過去のナラティブには、たくさんの例が私たちの身の回りにあふれています。

・学校、プログラム、資格などの申し込みの過程
・器具、機械の使い方
・スポーツ、ゲームなどのやり方
・外国（日本）での切符の買い方、バスの乗り方、注文の仕方、温泉の入り方、部屋の借り方

この「外国での〜仕方」に関しては、自国の仕方と比べることで、描写とナラティブが融合した、さらに膨らみのある詳しい発話となります。

　このように内容が変わっても、簡略化された工程で新しい語彙も少なめにして練習してから、工程を増やしたり、描写を織り込んだりして練習すると談話の長さも伸びます。ただし、ほかの内容になったときには、最終段階のしめくくりのせりふが変わるので、注意が必要です。例えば、料理の作り方であれば、「それで、できあがりです」という決まり文句があります。こういったしめくくりのせりふがないと、談話がぷっつり切れるということがしばしば起こります。例えば、駐車券の買い方であれば、「それで、駐車券が買えるんです」とか「駐車券を取って、終わりです」などが考えられます。就職や留学申し込みなどは、「これで申し込みが完了です」「あとは、返事を待つだけです」という終わり方もあります。また、評価コメントを言って終わることも可能です。例えば、「まぁ駐車券の買い方はそんなに難しくないですよ」といったことが言えるでしょう。ほかにもいろいろありますから、最後が宙ぶらりんにならないように、締めの言い方をあらかじめ用意しておくことが必要です。

❹ 談話管理能力

　この章では、ナラティブを中心に上級レベルの「機能・総合タスク」であるナレーション・描写の能力をいかに伸ばすかを紹介しました。基本的に、はじめは小さい単位のナラティブをマスターし、それを土台に長さを伸ばしたり、描写を加えたりして、「テキストタイプ」を段落に発展させようというねらいです。これは、プロフィシェンシーの定義にあった、即興でコミュニケーションができる力をねらったためで、あらかじめ準備した長い話を暗記するのではなく、小単位の発話に、瞬時にいろいろ肉づけをして、段落レベルのナラティブや描写を構築する力が必要だからです。そして、即興でコミュニケーションができるようになるためにもう一つ必要なのは、談話管理能力です。Chafe（1994）によると、スピーキングにおいて瞬時に頭に浮かべるこ

とのできる思考やイメージは1節程度だということです。さらに、スピーキングとは、最初の思考やイメージを次の思考へと関連性をもたせながら言語化し、かつ、聞き手の理解度を見定め、ときには、聞き手からの質問を理解し対応するという認知的に非常に難易度の高い作業である、とChafeは述べています。ですから、節の間の関連性を間違えたり、はじめに意図していた方向性が知らないうちにずれていったり、また、情報を思い出せなかったりするのはよくあることです。そんなときに、自分の談話の方向性を修正したり、何のためにこの情報を伝えているのかを聞き手に示したりするという談話管理に有効な表現が使えると、即興的に修正をすることも、談話の構成をわかりやすくすることも可能になります。以下は、一部の例です。

自己修正　　：「あ」「そうじゃなくて」「今のは間違いです」
補足　　　　：「言っておくと」「あの、…んですけれども」
結束　　　　：「まず」「それから」「それで」「で」「あとは」
最後のまとめ：「そんな・そういう感じです（ね）」「というわけで」

❺ まとめ

　この章では、学習者を上級に導くために、最小単位のナラティブから広げていく指導案を紹介しました。付属の表にあるように、過去でも現在でも、流れとしては、取り組みやすい短いナラティブの基本形をおさえたあと、肉づけとしていろいろな描写の仕方を基本形に織り込んでいきます。きちんと習得できているかは、それぞれの細かい段階ごとに一人ずつチェックしていってもよいですし、ある程度まとめて学期の間の適当な時点でテストを実施してもよいでしょう。ただ、自分の十八番のストーリーをいくつか持っているだけでは中級−上どまりです。上級レベルと判定されるには、段落の形で発話をし、それを持続させる能力、つまり即興で段落の発話を続ける力が不可欠です。そのために、談話管理の表現を身につけ、さまざまなテーマで「描写」を織り込んだ「ナレーション」の練習の機会をもつことが重要です。

表　ナラティブ指導案の流れ

		ナラティブ	
		過去	非過去
基本形		ミニストーリー	手抜き料理
肉付け	背景情報		料理の説明
	事情説明		材料
	理由・動機		途中の状態描写
	ポイント詳述		注意点
	引用		
融合		体験談の発表	料理の作り方の発表

参考文献

American Council on the Teaching of Foreign Languages (2024). *ACTFL proficiency guidelines 2024*. Alexandria, Virginia: ACTFL.

Chafe, W. (1994). *Discourse, consciousness, and time*. Chicago: The University of Chicago Press.

Labov, W. (1972). *Language in the inner city: Studies in the Black English vernacular*. Philadelphia: University of Pennsylvania Press.

Mayes, P. (1996). The complementary functions of *tara* and *to*: Evidence from procedural/instructional discourse. In Akatsuka, N., Iwasaki, S., & Strauss, S (eds), *Japanese/Korean Linguistics*, Vol. 5 (pp. 101-113). CA: Stanford CSLI.

第4部　上級レベルの指導

上級から超級へ
―何ができるようになることが必要か―

三浦謙一

❶ 超級とは

　超級を考えるにあたり、まず頭に置かねばならないことは、超級とは母語話者を基準として考えられるべきではないということです。これは2012年版以前のACTFLプロフィシェンシーガイドラインにおいて超級が最も高いレベルであったこと、ガイドラインのもとになったILRの基準に母語話者という記述が見られることなどから生じた誤解です。また、「正確さ・理解難易度」のカテゴリーに全レベルを通して「母語話者による理解度」として母語話者があげられていますので、これも誤解を生む理由になっていると思われます。

　Dewey, Clifford & Cox（2015）は研究の中で、米国のある大学の大学生103人に母語である英語のOPIとWPT（Written Proficiency Test）と、学習言語であるスペイン語のOPIとWPTを受けさせ、結果を比較しています。この研究の中で英語のOPIにおいては被験者の大学生の79人が超級、22人が上級–上、2人が上級–中（WPTにおいては66人が超級、29人が上級–上、8人が上級–中）と判定されています。つまり、大学で学ぶ学生たちも全員が「母語である英語の」超級話者ではないということです。また、筆者は長く日本語のOPIに関わっていますが、日本語においても必ずしも「母語話者＝超級」という公式は成り立ちません。

　しかし、この結果は、超級レベルが「母語話者のレベル」より高いということを表しているのではありません。母語話者のレベルという概念は非常に曖昧であり、話す評価の基準として用いることは効果的ではないということです。超級の判定はガイドラインに即して包括的になされるべきであり、第一言語、第二言語が何であれ同じ基準をもとに判断されなければなりません。

　2024年版ACTFLプロフィシェンシーガイドライン（以下、2024年版ACTFLガイドライン）の超級の記述は次の通りです。

> 超級レベルの話者は正確かつ流暢にコミュニケーションを取る能力を有している。フォーマル、インフォーマルに話すことができ、具体的、抽象的なさまざまな話題に関する会話に効果的に参加することができる。また、自分の興味や得意分野について議論し、複雑な問題を詳細に説明し、筋の通った話をすることができる。その際には、容易に流暢に正確に話せる能力が観察される。また、関心のある問題について自分の意見を述べ、擁護し、仮説を立て、予期せぬ状況を解決し、社会問題について議論することができる。
>
> 超級レベルの話者は、抽象的な話題に関して議論をするときも、自分の主張を表現するためによどみのない長い談話を用いて話すことができる。また、明確な関係を持つまとまりのある発話を産出でき、直喩や比喩などの修辞的な手段も用いられる。加えて、さまざまな対話および談話ストラテジーを使うこともできる。例えば、効果的に話に参加したり、文法、語彙、修辞技法を用いて、主要な点と補助情報を分けたりすることである。
>
> 超級の話者は、基本文法の使用においてパターン化した間違いをしないが、低頻度の文法や複雑な構造の文法では単発的に間違うこともある。しかし、このような間違いが発生しても、コミュニケーションの妨げになることはない。

(ACTFL, 2024)

1.1 「機能・総合タスク」「場面・内容」「テキストタイプ」

　話者が話せる話題は初級から上級まで、外に向かって広がっていると言えます。つまり、個人的な話題から始まり、レベルが上がるにつれて個人を超えた社会的な事柄が含まれてきます。初級は身の回りの事柄、中級は日常生活に必要な事柄、上級は地域社会、国際レベルの関心事について話せると記述されています。しかし、これらの話題は、単独で考慮されるのではなく、それぞれのレベルの「機能・総合タスク」「テキストタイプ」に照らし合わせて考えられるべきです。例えば、中級は、身の回りの事柄、日常生活に必要な事柄に関して「自分の習ったことを組み替えることによって」(「機能・総合タスク」)、「文レベルで」(「テキストタイプ」)話せるレベルです。また、上級の話者は、中級の話題に加え、地域社会、特定の社会における問題について「ナレーショ

ン、描写、両者の組み合わせによって」(「機能・総合タスク」)、段落レベルで(「テキストタイプ」)話すことができます。超級では、さらに社会問題に関して「意見を述べ、その論点をさまざまな観点からサポートし」(「機能・総合タスク」)、「仮定を構築できる」(「機能・総合タスク」)ことが必要とされます。意見、仮定の提示においては、単なる具体例の提示にとどまるのではなく、「複段落を用いて」(「テキストタイプ」)「抽象的な話題に言及」(「機能・総合タスク」)されたものが超級のパフォーマンスです。

　初級から上級までの話題の幅が外に向かって広がっていくため、超級の話題はよく「世界の話題」「国際間の話題」と誤解されがちです。しかし、超級における話題は深さ、つまり「機能・総合タスク」「テキストタイプ」によって規定されると理解されるべきです。まず、ガイドラインの記述には、興味のある事柄、専門分野について「論じる」ことができると述べられています。例えば、料理という話題を例に取りましょう。上級話者は料理に興味を持つに至った経過を詳しく話すことができ、また、特定の料理の作り方を順を追って説明することができます。つまり、具体的な事実、事項を詳しく話すことができるということです。また、その際には背景情報の提示等、具体的に事実をはっきり伝えるためのストラテジーの使用も見られます。超級話者にはそれに加えて「論じる」能力が必要とされます。例えば、料理に関係して「国レベルで農薬の使用を禁止するという政策に関して賛成か反対か」という意見、根拠の叙述です。意見を効果的に述べるためには、具体例を示したり、裏づけ部分を提示したりして自分が述べたい意見の主要論点を際立たせるといったストラテジーが使用されます。つまり、超級の発話はさまざまな役割を持つ複数の段落(複段落)で構成されるということです。

　また、超級では仮定を述べる能力も要求されます。しかし、超級の仮定は「もし私がさまざまな国からの国賓のために料理を作るとしたら、無国籍料理を作る」といった具体的な内容のものではなく、「日本で国内の農業、畜産業等を保護するために食品の輸入が極度に制限されたとしたら、将来、日本の食文化はどのように変わるでしょうか」といった抽象的な話題について論じるものです(第1部 第1章参照)。このような仮定においても話者はさまざまな役割を持つ段落を組み合

わせて論点を明確に示すことが要求されます。

　以上のように超級の話題は上級の話題を「機能・総合タスク」「テキストタイプ」の面から発展させたものと考えることができます。

1.2 「場面・内容」:「フォーマル、インフォーマル」

　超級の「場面・内容」には「フォーマル、インフォーマル」いずれの場面でも会話に参加することができるという内容が含まれています。ここで言う「インフォーマル」とは友人、家族、先生、同僚等と日常生活で普通に話す状況を指し、「フォーマル」とは授業、仕事等で自分の意見を述べる、また、授業中口頭で自分の研究内容について発表する等の状況を指します。つまり、「議論モード」で発話する必要がある場面と言えるでしょう。(不特定多数の聴衆の前でスピーチをする、訓示を述べる等の特殊な状況は「卓越級」に当たります。)

　「フォーマル」な状況の発話は洗練された語彙、言い回しが必要とされます。Brown (2009) は超級の語彙について次のように述べています。「(語彙の広さは) 脈絡、結束性、連続性を欠くつながりのない断片的な発話ではなく、話題に関して、連続性があり広範囲にわたり深みのある発話を産出する能力を広げるものである」(Brown, 2009, p.537, 筆者による翻訳)。超級に必要な語彙は「議論する」という「機能・総合タスク」とも深く関わっていますが、日常生活の一般的な会話で使用する表現より書きことば的な表現だと言えます。例えば、「懸念がある」「つちかう」「喜ばしい」「なされる」「したがって」「一般的には」「において」「べき」といった表現です。これらの表現の効果的な使用はBrownが述べているように内容に深みを与え、「議論モード」で提示するための一助となります。また、超級の話題には抽象概念も含まれていますから、それに対処するための語彙を身につけている必要もあります。例えば、「効果的」「曖昧さ」「焦り」「対応」といった語彙です。

　Brownはまた超級話者の特徴はさまざまな思考をよどみなくまとめ、口頭で流暢に提示できることであると述べ、「語彙の広さは流暢さと正確さをもたらす」(p.537、筆者による翻訳) とも述べています。流暢さの面から考えても、超級レベルに達するために語彙は重要な一つの要素だと言えます。

1.3 「正確さ・理解難易度」

　超級の理解難易度は「低頻度の構文、複雑な構文の文法の間違いをおかしても、それによってコミュニケーションに支障が生じない」ということです。この「間違いを含んだ文」は単独の文として取り出した場合を指すのではなく、まとまりのある発話の中の一部の間違いを指します。

　例えば、「〜ざるを得ない」という文型の間違いを含んだ次の発話を考えましょう。

> A　：　原子力発電を廃止したら当然それまでに供給されていた量の電気は供給できなくなります。ですから、供給量を制限しないを得ないから、国民の生活に影響が出るのは必至です。

　この発話の中には「しないを得ない」という文法の間違いがあります。しかし、前に「供給できる電気の量が減る」という点がしっかり示されていますし、続く文の「国民の生活に影響が出る」という意味も明確です。そのため、発話全体を考えた場合、聞き手は「供給量を制限せざるを得ない」という本来の意味を類推することができます。超級の理解難易度は、このように低頻度の構文において文法の間違いを犯しても、それがコミュニケーションに支障をきたさないという基準です。

　また、超級の発話の中には、話者の母語の影響等による「文法、表現の粗さ」も存在することがあります。例えば、「このような反論を作る人々もたくさん存在します」という文を考えましょう。「反論を作る」は、反論という名詞とともに使われるべき動詞が間違っていますが、このような表現をしても聞き手が混乱することはありません。言い換えれば、「表現は粗い」のですが、コミュニケーションに支障はきたさないということです。

　反対に高頻度の文型においてパターン化した間違いが多くあり、聞き手に混乱をもたらす場合は超級レベルに達していないと言えます。例えば、て形の「して」と「しって」の間違い、「行ってから」と「行ったから」の混同によって聞き手が正確に意味を受け取れない場合等があげられます。

❷ 超級の発話の例

次の例は、いじめという社会問題についての質問者と日本語学習者のやりとりです。質問者は、超級の発話を引き出すために、いじめの犯罪化の是非について質問しています。上記の超級の基準を参考にして学習者の発話を考えてみましょう。

質問者　：　いじめという問題は深刻な社会問題になっていますよね。さっき話してくれたように、いじめを苦に自殺してしまった中学生のケースもあります。それで、最近、この問題に対処するためにいろいろな策が講じられていますが、その中に法律で「いじめは犯罪である」と明文化したらどうかという意見があります。この「法律でいじめは犯罪であるとはっきり示す」という策に賛成ですか、反対ですか。意見を述べてもらえますか。

被験者　：　　私は、いじめは犯罪とはっきり示したほうがいいと思いますね。どうしてかと言うと、あの、はっきり示すことによって、いじめをしてはいけないということを、子ども、ま、それ以上の年の場合もありますけど、まあ、職場のいじめもありますね、ま、とにかく、それを子どもの心に刻むことができますから。もちろん、いじめの基準とか、あの、誰が調べるとか、あの、ややこしい問題はあると思いますが、まあ、大切なことは、いじめをしてはいけないということを子どもがしっかり認識することです。
　　　　　　　現在のパターンは、いじめられた子どもが自殺するとか、あの、そういう大変な状況、不登校とかもですよね、そうなってはじめていじめた子どもたちはひどいことをしたことがわかります。そして、あの、先生たちもこういう問題があったと知ります。いじめているときは、あの、いじめられている子どもは精神的にそんなに影響をもらっているということを考えません。先生たちもそういうことに気づくのは何か結果がないと気づきません。

被験者　：　いじめが犯罪であるという法律ができると、あの、何かひどいことを言ったりしたりする子どもはそれが罪と認識するようになります。それから、先生も相談されたとき、もっと真面目に考えるようになります。自分のクラスで犯罪が起きていると考えれば、すぐに対処するわけには、ええと、すみません、間違えました、対処しないわけにはいかないです。

　それから、もう一つの点があります。いじめられている子はたいてい自分は犯罪の被災者だと考えません。でも、いじめは犯罪という法律ができたら、あの、もっと両親とか先生に相談しやすくなるんじゃないでしょうか。例えば、ナイフで人を傷つけるのは犯罪ですよね。こういう場合には警察に連絡しますよね。ことばとか態度で人を傷つけるのも犯罪という法律があったら、あの、いじめられている子も自分は犯罪の被害者と考えて、もっと誰かに言ったり、相談したりすると思います。

　法律というのは人を罰するのが一番の目的じゃなくて、人に何をしてはいけないかを伝えるのが一番の目的だと思います。いじめはここまで大きい問題になっているので、あの、いじめをしてはいけないことを子どもたちにわからせるために、それは犯罪だと、あの、はっきり法律化するべきです。そうすれば、いじめは減るんじゃないでしょうか。

　ここでは、「いじめ」という社会問題が話題です。質問者はいじめ対策に関して意見を求めていますが、「いじめを減らすためにはどうすればいいと思いますか」という質問ではなく、「ある対策案について賛成ですか、反対ですか」という質問です。これは、「いじめを減らすためにどうしたらいいか」という質問の答えは具体的な案（上級レベル）になりがちだからです。これに対して、対策案に賛成か反対か、という質問に答えるためには、自分の意見の根拠も述べねばならず、超級の発話がより引き出しやすいという利点があります。

この質問に対する被験者の答えは5つの口頭段落から成っています。

① 自分の立場の提示：いじめは犯罪だと示したほうがいい。
　　↓
② 現在の状況：最悪の状況にならないと先生もいじめている生徒も被害者の生徒の苦しみを認識できない。
　　↓
③ 法律化の効果の例1：いじめている生徒は自分の行為が犯罪だと認識し、先生も早急に対処する。
　　↓
④ 法律化の効果の例2：いじめられている生徒も自分は被害者だと認識し、先生等に相談する。
　　↓
⑤ 結論：法律の目的はしてはいけない行為を人に伝えること。このような法律ができれば、いじめはいけない行為であると伝えることができ、いじめ減少に貢献する。

　被験者はまず、第1段落で自分の立場を示し、その意見を強く打ち出すために第2段落から第4段落にかけて裏づけを提示しています。裏づけ部分では現在の状況を示し、それを打開するためのいじめの法律化の有効性を論じています。第5段落ではまとめとして法律の役割に言及し、再び自分の意見の正当性を提示して締めくくっています。また、この発話の中で被験者は、聞き手を意識して、聞き手を引き込みつつ議論を提示するというストラテジーを使っています。自分の強調したい点を独白という形で提示するのではなく、「不登校とかもですよね」「警察に連絡しますよね」等、聞き手を会話に引き込みつつ自分の論点を納得させようと努めているということです。2024年版ACTFLガイドラインのことばを引用すると「問題について意見を述べ、その意見を支えるためにきちんと構成された議論をさまざまなストラテジーを使用しつつ提示する」ことができているということです。

　このように主要論点を裏づけ部分、補足部分によって論じるという構成が超級レベルの複段落です。はっきりと現在の状況、裏づけ部分

を具体的な内容の段落（上級レベル）で伝え、それをもとに法律の役割という抽象的な話題まで引き上げています。複段落の発話は、しっかりした上級の能力の土台の上に成り立っていると言えるでしょう。

　また、被験者の語彙、言い回しも「議論モード」に対応して洗練されたものが使用されています。例えば、「心に刻む」「認識する」「対処する」「法律化」等の通常の表現より書きことば的な語彙が用いられています。また、「（示す）ことによって」「（法律）というのは」といったフォーマルな表現も効果的に使用されています。まず、前述の語彙と同じように、これらの表現は書きことば的であるため、議論モードに即した表現であるという理由があげられます。また、これらの表現は論点を強く表したり（「犯罪だと示すことによって、いじめはしてはいけないことだと子どもの心に刻むことができる」）、抽象概念を述べたり（「法律というのは、してはいけないことを示すことが一番の目的だ」）する際に有効です。Brown (2015) のことばを借りれば、被験者は、これらの語彙、言い回しを効果的に用いて「話題に関して、連続性があり広範囲にわたり深みのある発話を産出」(p.537, 筆者による翻訳)していると言えるでしょう。

　超級の発話は論点がはっきりしていなければなりませんが、熟考され、推敲（すいこう）された論文とは異なります。これは、OPI全体に当てはまりますが、考えを口頭で述べているのですから、思考の流れがそのまま表現されることもあります。上の例の第1段落にそれが見られます。被験者の意見の叙述は、「どうしてかと言うと、あの、はっきり示すことによって、いじめをしてはいけないということを、子ども、ま、それ以上の年の場合もありますけど、まあ、職場のいじめもありますね」と、いったん違う方向に流れます。しかし、それに続いて「ま、とにかく、それを子どもの心に刻むことができるからです。」と述べ、もともとの論旨に引き戻しています。そのため、聞き手が混乱させられることはありません。

　この発話の中で目立った文法の間違い「対処するわけにはいかない」は、発話の途中で被験者自らが言い直していますから、コミュニケーションに支障は生じていません。このほかに目立った文型の間違いは見受けられませんが、「文法、表現使用の粗さ」は見られます。「先生も相談されたとき、もっと真面目に考えるようになります」という文

の「真面目な」という表現は文脈に即していません。また、「影響をもらう」「犯罪の被災者」という表現も語彙の間違いを含んでいます。しかし、このような表現によって聞き手が混乱したりコミュニケーションに支障を生じたりすることはありません。

以上のように被験者は超級の「機能・総合タスク」「場面・内容」「正確さ・理解難易度」「テキストタイプ」4つの基準をすべて満たしていることがわかります。超級レベルに達するために学習者がすべきことは、それら4つをすべて充実させることです。また、学習者を超級に導くための効果的な指導、カリキュラム作成において、教育者は基準を参照しつつ行うことが理想であると言えます。

❸ 超級をめざすカリキュラム

3.1 カリキュラム概要

米国の通常の教育機関において、個人指導をのぞいて超級到達を目標とした授業は非常に少ないと言えます。そのような超級をめざすカリキュラムに関して、Leaver & Campbell（2015）が米国防衛言語研究所（Defense Language Institute、以下DLI）での言語教育について報告しています。DLIの言語教育の目的は米国政府関連機関で外国語を使ってさまざまな業務がこなせる外国語話者を養成することです。通訳を含む将来の米国の重要な業務がこなせる人材を養成することが目的ですから、DLIの「中級」「上級」と呼ばれる授業の学習者のプロフィシェンシーレベルは米国の大学の「中級」「上級」の授業におけるレベルよりかなり高いことがわかります。DLIのCategory 4[注1]の言語の中級[注2]の授業では終了時の目標レベルはILR2+（上級–中／–上：第1部 第1章参照）、上級[注3]の授業ではILR3（ACTFL超級）とされています（Leaver, & Campbell, 2025, pp.10-11）。防衛言語研究所の中級、上級どちらの授

注1　DLIが定める言語習得難易度で最も履修に時間を要する言語。日本語、中国語、韓国語、アラビア語を含む。

注2　入学時：聴解と他の3技能（話す、読む、書く）のうち1技能がILR[注2]（ACTFLの基準の上級下／中に相当）履修時間47週間

注3　入学時：聴解と他の3技能（話す、読む、書く）のうち1技能がILR2+（ACTFLの基準の上級中／上に相当）履修時間：Category 4 言語（日本語を含む）は47週間

業もILR2以上、3以下の学習者対象ですから、カリキュラムでは「レベル3（ACTFL超級）」到達が目標とされていることになります。DLIのカリキュラム作成においては次の点が重要視されています。

- 個人個人の学生の学習スタイルに焦点を置く：興味、最近接発達領域（Zone of Proximate Development: ZPD）[注4]、特別な言語的ギャップ、その他。
- 内容重視（content-based）のシラバスを作成する。
- 実生活のオーセンティックな言語を使用した、タスクを中心とした現実性を強調する。
- 聞き手と聞き手の文化に合った言語使用をするために、言語と文化に焦点を置く。
- 通訳、翻訳を含む4技能を包括的に扱う。
- 言語の「談話」の側面に焦点を置く。
- 読み、聞く際に「行間を読む」（話し手、書き手の意図）だけではなく、「行間を越えて読む」（対象とする聞き手、読み手の文化環境、単語の選択、内容の挿入、割愛の理由、等）ことができる能力を育むための社会文化的知識、練習を入れる。
- 発音、文法、言語レベル、依存、自律性、ストラテジーの選択、等の「化石化」から解放することを繰り返し強調する。
- ジャンルに応じて内容を教え練習させる。
- 言語活動、内容の構成は母語話者の規範を使用する。

（Leaver & Campbell, 2015, p.12）

前述のようにDLIの言語教育は米国政府の業務をこなす外国語話者の育成ですから、「通訳」「翻訳」等、特殊な能力にも焦点が当てられています。また、「行間を読む」というレベルはACTFLの基準では卓越級に当たります。これは、ILR3以上のプロフィシェンシー獲得への

注4　Zone of Proximate Development. レフ・ヴィゴツキー(Lev Vygotsky) が提唱した学習における領域。学習者が一人で成しうる領域と成し得ない領域の間に位置する。援助を伴って成しうる領域。

下準備として強調されていると思われます。

　そのような特殊な点を除けば、DLIの目標は、超級レベルの能力を網羅していると言えるでしょう。この中で実際の教室活動で特に重要なのは、「最近接発達領域」を考慮した指導です。この領域は学習者がほかからの援助を受けてなし得る領域です。例えば、IRL2、ILR2+というレベルは「限定プロフェッショナルレベル」と呼ばれています。限定プロフェッショナルレベルは「事実の報告」「具体的な事柄に関して読み理解することができる」という業務がこなせるレベルです。ILR2+の学習者の一つ上のILR3レベル（最近接発達領域）では「事実を分析して報告する」「抽象的な事項に関して読み理解することができる」ことが必要とされます。つまり、ILR2+の学習者に必要とされる言語教育は「抽象的な話題について読み、話す」といった練習です。言い換えれば、この領域のタスクを援助なしでこなせるようにすることが超級をめざすカリキュラムの究極的な目的であるということです。ACTFLガイドラインに置き換えて言うなら、上級–中の話者の「最近接発達領域」は超級レベルですから、自ら超級の能力で話せるようにする指導が必要であるということになります。

　しかし、ただやみくもに教材を読ませ、聞かせ、内容について話させるだけでは超級のプロフィシェンシーにはつながりません。指導者は上級話者を超級に導くためには何が必要かを認識し、カリキュラムを作成する必要があります。

3.2　超級に達するために必要な能力

　上級レベルの話者が超級レベルの発話をしようとした場合、プロフィシェンシー不足からさまざまな「ブレークダウン（言語的挫折）」を起こします。超級のブレークダウンとは、上級の話者が完全に遂行できない超級の能力です。つまり、超級をめざすにあたって越えなければならない「最近接発達領域」だと言えます。言い換えると、そのようなブレークダウンを起こさなくなれば上級話者は超級に達することができるということになります。ブレークダウンを考えることは超級に向けた指導において非常に有効であると言えるでしょう。

　超級に向けた指導について考える上で、例として、「国際社会におけ

る捕鯨の問題」という話題を考えてみましょう。超級話者は、捕鯨の現状、倫理、食文化等さまざまな裏づけを織り込んで賛成意見、反対意見を複段落で述べることができます。しかし、超級に達していない話者がそれをしようとした場合、さまざまな要因からブレークダウンを起こします。これらの要因はお互いに関係しあっていますので、その関係を考慮しつつ指導することが効果的であると言えるでしょう。次に主なブレークダウンの要因、それらの相互関係について言及します。

（1）複段落

　意見の叙述においてよく見られる上級話者のブレークダウンは、論旨を複段落で話せないということです。例えば、「日本の捕鯨に反対である」という意見を論じる際の次のような発話を考えてみましょう。

> 学生A　：　鯨は現在、数が少なくなっています。これは人間が鯨を獲りすぎたからです。数が少ない動物はこのまま続くと、いなくなってしまうかもしれません。それは悲しいことです。地球にできるだけ多くの動物を残すほうがいいですから、鯨を獲らないほうがいいと思います。ほかに食べるものはたくさんありますから、鯨を獲らなくても大丈夫です。

　この例の中で、話者の発話は「鯨は過去の乱獲によって数が減っている」という例の簡単な提示、「鯨を食べなくてもほかの肉はたくさんある」といった簡単な事実の提示で終わっています。つまり、「さまざまな種の動物を残していくことは人間の義務」「食文化」という抽象レベルで会話が続けられていないということです。

　「鯨の数が減っている」→「捕鯨に反対」という流れは論理的ではあるのですが、ここでは「鯨の数が減っている」という一つの事実のみがいくつかの文で述べられ、「捕鯨に反対」である理由としてあげられています。このような意見の根拠の提示は超級レベルだとは言えません。また、一つの事実を詳細に提示しても「段落レベル」の発話にとどまってしまいます。「鯨の数が減っている」→「捕鯨に反対」という流れを超級レベルに発展させるとすると「鯨の数が減っている」というポイントを次のように複段落で提示することが可能です。

上級	超級
鯨の数が減っている。 ↓	人間は乱獲のために数々の種の動物を絶滅させてきた。 現在もある種の鯨を含めて絶滅の危機に瀕している種が多く存在する。 できる限り多くの種を残すように人間は努力すべき。 変えられる食生活は変え、鯨のような数が減っている動物を食用にすることをやめるべき。 ↓
捕鯨に反対。	捕鯨に反対。

　実際に話すときは推敲できませんので、このようによく整理された構造が超級で要求されるということではありません。しかし、この例のようなポイント（背景、裏づけ、例）を段落レベルで述べることにより、鯨の数の減少という問題を一般化して提示することができるのが超級の能力です。つまり、話題を具体的なレベルから抽象レベルに引き上げることができるのです。

　超級に向けての指導では、複段落とは何であるか、どのように論旨を展開することが効果的であるかを学習者に認識させ、上達の指標とすることが効果的です。

(2) 語彙、言い回し、表現

　上級話者のブレークダウンの原因のもう一つは意見を超級レベルで提示するために必要とされる語彙、言い回し、表現が不足している、または不適当であることもあげられます。

　上級に要求される能力が主に具体的な事象を「述べる」能力であるのに対し、超級ではそれらの事象を「論じる」能力が必要とされますが、

それにともない、超級話者は広範囲におよぶ語彙を身につけている必要があります。また、具体的な物、事を表す語彙に加えて、抽象概念を表す語彙も重要です。例えば、捕鯨に関する意見を上記のような論旨で述べる場合、「危機」「食文化」「責任」「義務」等の語彙が有効です。これらの語彙を具体例、裏づけと組み合わせて使用することは、話題の抽象化の一助となります。

　また、超級では話題の深さ、論じるという言語活動と関連して、洗練された語彙、言い回し、表現も必要になります。言い換えれば、社会問題等、身の回りの事柄を超えた話題を論じるにあたって、フォーマルな書きことば的表現が有効であるということになります。例えば「悲しい」という表現の代わりに「悲しむべき」という表現を使用することにより、議論の内容に即したフォーマルさを保つことができます。また、「悲しむべき」という表現によって、「悲しい」という一個人の感情は、社会一般の人々の感情として「抽象化」されます。ほかには、「にもかかわらず」「しかし」「その反面」「したがって」等の接続表現、「むしろ」「かえって」「XということはYだ」等の文型もあげられます。

　これらの語彙、表現は書きことば的ですから、超級をめざす授業においてはニュース記事、論文等、「フォーマルな」書き方で書かれたものを使用し、語彙、表現の習得に役立てることが効果的でしょう。それらはまた論旨の運び方を指導する際にも役に立ちます。

(3)「正確さ・理解難易度」

　超級話者の理解難易度は「間違いがコミュニケーションに影響を与えない」ということです。つまり、頻出の基本的な文法には間違いがほとんどなく、低頻度の複雑な文法は間違いがあってもしっかりした文脈、話の流れがそれをカバーするということです。これに対して、上級話者が超級レベルの発話をめざすとき、文法が不安定なため、聞き手に混乱を与えてしまうというブレークダウンが起きることがあります。超級をめざす際、低頻度の洗練された言い方の習得は必要ですが、同時にこのような高頻度の文法の間違いも直していく必要があります。

　上級レベルの話者が産出してしまう基本文法の間違いは、それまでの学習過程で「化石化」していることが多くあります。話者本人は化

石化した間違いに気づくことが困難であるため、指導の際、化石化から正しい形、用法へと解放させることが必要です。これは、発音に関しても当てはまります。発音、イントネーション等がコミュニケーションに支障を与える場合は指摘し、正すことも超級へ導く指導の一環であると言えます。上級レベルではともすれば発話の内容に目が行きがちですが、このような間違いにも注意を向けて指導するべきです。語学教師は学習者の発音、細かい間違いに慣れていますので、それらの間違いを指摘しないことがよくありますが、「非母語話者と話すのに慣れていない人」を混乱させないという理解難易度を考慮に入れて指導することが理想です。

(4) 文化、社会背景

この点はブレークダウンではないのですが、上級話者の発話と超級話者の発話には内容の幅に違いがあります。これは複段落での発話、話題の深さということにも関係がありますが、それ以外に対象言語の社会、つまり日本社会の諸相を理解し、発話の中に取り入れることができるかどうかという点も関係してきます。例えば、捕鯨問題の是非を論じる中で日本の食文化の歴史や日本人の食生活の特殊な点に言及するといったことです。言うまでもなく、これは知識が多分に関係してきますが、その知識を言語化して発話の中に利用できるという点で超級の能力と結びつきます。

超級に向けての指導の中で教師ができることは、読解教材、聴解教材、前作業の教材にさまざまな文化、社会に関連した教材を取り入れることです。それによって学習者は、超級に必要な語彙、表現が習得できるだけではなく、さまざまな場面で応用できる知識を得ることができます。そのような知識は超級話者が発話内容に幅を持たせる要素として非常に有用であると言えるでしょう。

3.3 超級をめざす指導

Brown（2009）は4技能を効果的に組み合わせることによって話す能力と書く能力の超級をめざすロシア語の授業のカリキュラムを紹介しています。

この授業の目標は、学期の前半は英国議会スタイル[注5]のディベート、後半は国連スタイル[注6]のディベートを通じて超級のプロフィシェンシーを身につけるということです。授業では最初の1時間で自分のグループの論点を明確に示すためにグループで対策を練り、次の1時間で実際のディベートを行うという形式をとっています。スキャフォールディング（足場かけ）が効果的に行われるように授業ではさまざまなレベルの学生を同じグループに入れ、能力が上の学生が下の学生の手助けができるように配慮されています。また、各学生は最低一回審判の役割をこなすことも義務づけられており、どのような発話がディベートにおいて効果的であるかを客観的に観察する機会も与えられています。

　授業の準備として、4技能を網羅した課題も与えられています。それらの課題は次の通りです。1）ディベートの内容について英語で書かれた記事を読む。2）自分の論点を2ページにまとめて書く。3）ディベートのトピックに関して5分のスピーチを録音する。4）議論の内容に関するロシア語のテレビ番組を視聴する。5）ディベートの内容に関する単語、ディベートに必要な洗練された語彙、表現を覚える。

　これらの課題は、前述の超級に必要な能力を習得することに深く関わっています。英語で書かれた記事を読むこと、ロシア語のテレビ番組を視聴することは、文化、社会背景を学習者が深く理解するために効果的です。また、論点に留意して書く・話す練習は学習者に複段落とは何かを理解させる意図があります。洗練された単語、表現の習得が超級レベルに不可欠であることも前に述べた通りです。

　Brownの授業では学期のはじめには学生の話すレベルは、超級3名、上級-上4名、上級-中7名でした。これらの教室内、教室外の活動により、学期の終わりには、上級-上の学生のうち3名が超級に上がり、上級-中の学生のうち2名が上級-上に上がっています。3名の学生は上級と超級の主要レベルを超えて上達していますし、1学期でサブレベルが上がることも顕著な上達です。この授業ではDLIの目標である個人の学

注5　賛成派2チーム、反対派2チームによるディベートの形式。賛成派の1チームは立論を担当し、ほかの1チームは反駁を担当する。反対派もこれに準ずる。

注6　特定の議題について各チームが国連と同じように議論、交渉し、全チームの合意による最終的決議を目標とするディベートスタイル。

習スタイルに焦点が当てられていない、学習者の興味は授業に反映されていない等の改良点は見られますが、4技能の効果的な組み合わせや、「足場かけ」を考える上で参考になる授業案だと言えるでしょう。

　超級に達するために「この分野について専門知識がなければならない」というものはありません。しかし、さまざまな分野の話題について、自分の意見を論理立てて提示する能力が必要です。そのために教師ができることは、学習者の興味、個性を考慮して、なるべく多くの異なる分野の内容について深く話すことができるように教材を準備し、効果的なカリキュラムを作成することです。そのような指導によって作られた土台をもとに学習者はどのような話題においても複段落で話すことができるプロフィシェンシーを養うことができます。

　次の章では前述のような超級の能力、指導に必要な項目、目標等を考慮した実際の日本語の授業案を紹介します。

参考文献

American Council on the Teaching of Foreign Languages (2024). *ACTFL proficiency guidelines 2024*. Alexandria, Virginia: ACTFL.

Brown A. (2009). Argumentation and debate in foreign language instruction: A case for the traditional classroom facilitating advanced-level language uptake. *The Modern Language Journal, 93* (4), 534-549.

Brown, A. & Bown, J. (Eds.). (2015). *To advanced proficiency and beyond: Theory and methods for developing superior second language ability*. Washington, D. C.: Georgetown University Press.

Dewey, D., Clifford, R. & Cox, T. (2015). L1, L2, and cognitive development: Exploring relationships. In A. Brown & J. Bown (Eds.), *To advanced proficiency and beyond: Theory and methods for developing superior second language ability* (pp. 23-41). Washington, D. C.: Georgetown University Press.

Leaver, B. L. & Campbell, C. (2015). Experience with higher levels of proficiency. In A. Brown & J. Bown (Eds.), *To advanced proficiency and beyond: Theory and methods for developing superior second language ability* (pp. 3-21). Washington, D. C.: Georgetown University Press.

2 上級から超級をめざす活動
―授業報告―

三浦謙一

❶ はじめに

　筆者は勤務校において前章で示した超級をめざす授業を行う機会がありました。この授業作成にあたり、第4部 第1章で述べたDLIのカリキュラム、Brown（2009）の授業を参考にし、ディベート、ディスカッションを中心としました。ディベート、ディスカッションは特殊な形式の言語使用ですが、論理的に多方面から意見を叙述する能力をつちかうのに効果的です。つまり、「超級レベルの話者は正確かつ流暢にコミュニケーションを取る能力を有している。フォーマル、インフォーマルに話すことができ、具体的、抽象的なさまざまな話題に関する会話に効果的に参加することができる。また、自分の興味や得意分野について議論し、複雑な問題を詳細に説明し、筋の通った話をすることができる。その際には、容易に流暢に正確に話せる能力が観察される。また、関心のある問題について自分の意見を述べ、擁護し、仮説を立て、予期せぬ状況を解決し、社会問題について議論することができる」（ACTFL, 2024）という超級の能力を段階的に積み上げることができるのです。

❷ 履修者

　筆者が勤務する米国フランクリン＆マーシャル大学（Franklin & Marshall College）の日本語4年の授業は毎年学習者のレベルに差があるため、レベルに応じて内容、目標を変えています。次に紹介する授業案は学生6人のうちの4人が授業のはじめに上級に達していた学期（日本語4年秋学期）のカリキュラムです。学生の授業開始時のレベル[注1]（ACTFL Speaking, Writing Proficiencyレベル）の内訳は次の通りです。

注1　筆者によるadvisory rating（テスターが自らの教育機関で行ことが許されている教育目的の非公式OPI判定）の結果です。

表1　授業開始時の話すレベル、書くレベル

学生	A	B	C	D	E	F
話す	上級-下	中級-上	上級-下	上級-下	中級-上	上級-下
書く	上級-下	中級-上	中級-上	上級-下	中級-上	上級-中

　表1のように6人の履修者のうち4人が話すレベルの上級-下に達し、ほかの2人は中級-上でした。本来なら中級レベルの学習者と上級レベルの学習者を分けて指導することが理想ですが、中級の学生の希望により、上級-下の学生をターゲットとした授業を行うことになりました。

❸ 授業の前に

　「上級-下」の学習者が「上級-中」めざすためには「上級の力を固めつつ、どこまで超級に近い発話ができるか」ということが評価の基準になります。つまり、上級レベルという枠の中の学習者の上達のためには超級レベルの練習を多く取り入れた授業が必要とされるということです。

　この超級を視野に入れた授業では、まず、タスク、ディスカッションなどの前に「複段落」とはどのようなものであるかを授業で紹介しました。これにあたっては、前章の例の「鯨の乱獲」という問題を取り上げ、協働で背景、裏づけ、例などをあげ、意見を提示するというタスクを通じて、上級の発話と超級の発話の違いを示しました。また、ここで学習者たちは話題を詳細にわたって語りながら深く扱うことが必要であることを学び、それにともない、どのような語彙を習得することが必要であるかも理解するに至りました。

　超級の意見叙述においては、書きことば的な語彙、言い回し、表現を使用することが必要です。そのため、柏野・田嶋・平本・木田（2016）の「書きことば的」とされる語（p.1043）を参考にしてリストを作成しました。学生には文章を書く場合にはこれらの表現を使うことが望ましいこと、意見を述べる場合にもこれらの表現を使用するとフォーマルさを付加する上で効果的であることを伝え、宿題、授業での練習に取り入れました。リストは次の通りです。

表2　フォーマルな語彙リスト

接続詞	逆説：しかし、だが、が、けれども、ところが 順接：したがって、そのため、その結果 説明：なぜなら、すなわち、つまり 選択：あるいは 添加：また、さらに
副詞	非常に、大変、もっとも、まったく、きわめて、あまり、次第に、おそらく
量に関する表現	少々、多少、少し、多くの、さまざまな
例示に関する表現	など、このような
動詞	述べる、考えられる、思われる

言うまでもなく、これらの表現以外にも多くの洗練された言い回し、表現を習得することが望ましいのですが、それらに関しては各トピックに関しての語彙、表現の導入において随時紹介しました。

❹ 授業

4.1　概要

　筆者の大学の1学期は13週間で、日本語4年の授業は週3回（各授業は50分）です。

　筆者が行った超級をめざす授業の目標は次の通りです。

① さまざまな話題についてのディスカッション、ディベート、ほかの活動を通じて超級レベルのプロフィシェンシー（意見を複段落で述べる能力）を養う。
② 各話題についてさまざまな文献を読むことにより、日本社会の背景の知識を得る。
③ 学生自らが選んだトピックの研究につなげられる足場を築く。
④ 知識、能力の協働構築をめざす。論点を決める、語彙表を作成する等、できるかぎり学習者間の協働作業とする。

学習者を超級のプロフィシェンシーに導くために1学期を通じて5つのトピックを用意しました。これらのトピックは、日本で話題になっている社会現象について、さまざまなジャンルのものを選んだものです。トピック、論点を選ぶにあたって留意したことは、次の通りです。

① 特殊性：ほかの話題につなげられない特殊な話題は避けた。
② まずトピックを選び、その中で的を絞った論点を提示した。
③ 意見が述べられるもの：複数の観点があげられるものを選んだ。
④ レベル：超級レベルの練習ができるトピックを選んだ。「どちらが好きか」等の個人の好みに関するトピックは、抽象性に欠けるため避けた。
⑤ 関連資料：関連資料（日本人の意識調査、関連した記事等）が多くあるトピックを選んだ。またほかの教材（週2回の上級レベルの授業で扱う教材）と共通点がある話題をなるべく選ぶようにした。

授業で扱ったトピックは次の通りです。

表3　授業で扱った話題

話題	ディベート／ディスカッションの論点
① 家庭内問題	「赤ちゃんポスト」の是非について
② 少子高齢化	少子化対策のため、移民をもっと受け入れるという案について
③ 性差別	日本における女人禁制について
④ いじめ	いじめを犯罪として扱うことについて
⑤ 選挙	アメリカ大統領選挙の問題点

2回の授業で一つのトピックを扱いました。また、話題1から3まではディベートの形、4と5はディスカッション形式で扱いました。授業の構成は次の通りです。

表4　授業1回目

授業の前の課題	① トピックに関連した英語の記事を探す。 ② 自分の記事とクラスメートが探した記事を読む。 ③ キーワードとなると思われることば、表現のリストを作成し、教師に提出。 ④ 教師がまとめたキーワードが使えるように準備しておく。
授業	① ディベートチームに分かれてどのような議論が効果的かを話し合う。 ② チームメートとの協働により各自の論点を示す練習をする。 ③ 教師は超級の発話の基準を示し、それを目標とするように指導。

表5　授業2回目

授業の前の課題	① チームで意見を提示する練習をする。
授業	① 2つのチームに分かれてディベートをする。 ② 教師は採点表をもとに各チームに点をつける。 ③ ディベートを録音し、あとのフィードバックの材料とする。
フィードバック	① 個人個人のディベートに関してフィードバックを与える。 ② フィードバックをもとに再度意見を叙述する。

　ディベート、ディスカッションのほかに学生に自分が選んだトピックに関して研究発表を課しました。これは、個人個人が選んだ社会事象に関して自らの意見を超級レベルの複段落で書き、口頭発表する、というものです。

4.2　授業内容

　ここでは、「性差別」というトピックについてどのように扱ったかを紹介します。

4.2.1 授業（1）
（1） 授業の前に：英語の記事を探す

まず、学生に「日本における女人禁制の伝統と現代社会」という論点を提示し、それについて英語の記事を一人一つ探すという課題を与えました。学生はその記事を互いに共有し、授業前に読み、内容を理解しておくことが義務づけられています。

学生が選んだものはすべてオンラインで得られたもので、重複したものを一つと数えて4つの記事が集められました。これらの記事の焦点は日本における女人禁制の場所、歴史等多岐にわたり、なかには世界のさまざまな女人禁制の場所の一つとして日本に存在する場所をあげているものも存在しました。また記事も書き手の意見が色濃く提示されているものから客観的に歴史、事実を述べているものまでさまざまなものが集まりました。これらによって学習者はさまざまな角度から議論の背景について学び、議論に必要な知識を得るに至りました。

（2） 授業の前に：単語、表現リストの作成

共有した記事を読んだあと、学生は「このトピックに関して超級レベルで議論するにあたり、必要だと思われる語彙、表現のリスト」を作成します。この際に、トピックに直接関わる表現、直接関わらないが議論に必要だと思われる表現を合計7つ入れるように指示しました。これは、語彙リストを作成する際に学生は議論のポイントを考えることができるという効果をねらっています。また、教師の観点を反映しすぎることを避けるため、教師のみが作成するのではなく、学生、教師の協働という形を取りました。教師は学生と同じようにリストを作り、学生6名、教師1名の計7つのリストをまとめて最終リストを作成しました。最終リスト作成にあたり、教師が判断して明らかに間違っている語彙、表現は削除、訂正しますが、基本的にあげられた語彙、表現はすべてリストに入れました。

表6　ディベートのための語彙リスト

> 名詞：女性差別 discrimination of women、同権 equal rights、相撲、土俵 ring of sumo、平等 equality、時代遅れ behind time、伝統 tradition、現代 modern days、有識者 educated people、言い伝え legend、古事記 chronicles of ancient matters、甲子園 Kôshien Ball Park、神道 Shinto、禊 purification、寿司職人 sushi chef、将来 future
>
> イ形容詞／ナ形容詞：平等な／不平等な equal/unequal、騒がしい noisy、神聖な sacred、無理な impossible、馬鹿馬鹿しい ridiculous、
>
> 動詞：穢れる to be impure、受け継ぐ to succeed、比較する to compare、泥を塗る to damage respectable person's reputation、是正する to correct、変化する to change、信じる to believe、疑う to doubt、賛成／反対する to agree/to disagree
>
> 接続表現：それにともなって accordingly、反対に on the contrary、言い換えれば in other words

　学生の語彙の幅は個人間でかなり差があったので、「信じる」といった基本的な語彙も出る結果となりました。また、自分が興味を持った相撲関係のみに関しての語彙リストを作成した学生もいましたし、問題全体に共通する語彙を選んだ学生もいました。しかし、全員のリストを合わせることによって、個人個人の着眼点を反映したバランスの取れた表現リストが作成されたというのが筆者の感想です。教師は、学生にこのリストを授業の前に配布し、これらの語彙を使って興味を持った記事の内容が説明できるようにしておくように指示しました。

(3)　授業：ディベートの準備

　授業では、まず課題であった記事の内容を一人ずつ口頭で発表しました。これは上級レベルの「段落での発話」の復習をするとともに、超級の練習の準備として、複段落での発話に必要な裏づけの内容を確

認する意図があります。

次の例は学生が口頭で要約した内容です。

> 神道では、昔から女性は汚れている、という考えがありました。それはどうしてかというと、体と一緒ではない体の部分は穢れていると考えたからです。例えば、髪、血、排泄物です。女性は生理のとき、血が出ます。それで、穢れているものが出る女性も穢れていると考えました。相撲は神道と大きい関係があります。そのために、穢れている女性は相撲で一番大切な場所に登ることは禁止になりました。

次に、ディベートの議題、採点基準を提示しました。議題は、「伝統的に女人禁制の場所は、現代において禁制を解くべきか否か」です。採点は「チーム」「個人」の両方に対して行いました。チームの採点基準は次の通りです。

表7　ディベートの採点表（チーム）

質問が的を射ている。	10点
質問／反論にしっかり答えている。	10点
一人ひとりの論旨がはっきり提示されている。	10点
相手の論点に言及しつつ自分の論点を述べている。	10点
一人ひとりの論旨につながりがある。	10点
合計	50点

また、一人ひとりにフィードバックを与える際のポイントとして表8のような評価基準を提示しました。この基準は第4部 第1章に述べられているように超級に必要な「複段落」「語彙、言い回し、表現」「正確さ・理解難易度」「文化背景」を考慮した基準です。これが学生のディベートの成績になるわけですが、超級をめざす段階のレベルの学生に超級のプロフィシェンシーを要求することはできません。その

ため、どこまで超級に近い発話ができたか、という基準で評価しました。
(10点：上級−上レベル、9.5点：上級−中＋レベル　9点：上級−中レベル　8.5点：上級−下レベル　8点：中級−上レベル)

表8　ディベートの採点表（個人）

洗練された語彙、表現を使っている。	10点
文法、発音の間違いがコミュニケーションに支障をきたさない。	10点
述べたいポイントをさまざまな角度から具体例がサポートしている。	10点
内容に深みがある。	10点
論旨に一貫性がある。	10点
合計	10点

　この基準を参考にして、2つのチームでディベートの準備をしました。チームを分けるにあたり考慮した点は、各チームの学生のレベルが均等になるようにすることです。また、正式なディベートと同じように学生自身の意見は考慮に入れず、機械的に賛成、反対のグループを作りました。ディベートの形式は次の通りです。

表9　ディベートの形式

賛成派	反対派
① 立論（1人）	② 質問（全員）
④ 質問（全員）	③ 立論（1人）
⑤ 反論（1人）	⑥ 反論（1人）
⑦ 反論（1人）	⑧ 反論（1人）

　準備の時間では、自分のチームの論点を明確に示し、相手のチームの議論に反論するためにはどのように論じたらいいかを話し合いまし

た。このタスクの目的は次のような点です。1）さまざまな論点を言語化すること。2）論点と論点をいかにつなげたら最終的な賛成、反対意見を強く提示することができるかを協働作業で積み上げること。3）超級の発話に必要な裏づけ部分を確認すること。

　教師は両方のチームを交互に観察し、言い回し、表現、論旨に関して、超級に近づけるためにフィードバック、助言を与えました。次は教師のフィードバックの例です。

① 規則を変えることに賛成のグループの話し合いより

　　学生　　　：現在は男女平等の社会です。女性が穢れているという考えは現在の前の時代にできました。だから、現在には合わないと思います。相撲のルールも前の時代にできましたね。土俵のルールも現在に合わないから、変えたほうがいいんじゃないでしょうか。

　　教師の　　：男女平等の社会、という点をもう少し深く論じてみましょ
　　フィードバック　う。「人権」、つまり人間の基本的な権利ですね、「人権」と男女平等をつなげて、土俵の規則に反対の意見を述べてみてください。

「変えたほうがいい」という意見ははっきり提示されています。しかし、「昔作られた規則は今の時代に合わない」という論理が短絡的にしか提示できていません。これに深みを与える（超級に近づける）ために、「人権」という抽象的な概念を提示し、考慮に入れるよう指示しました。

② 規則を変えることに反対のグループの話し合いより

　　学生　　　：相撲は日本の文化ですね。日本の文化は、あの、日本の伝統からできています。女性が土俵に上がれないのは日本の文化です。これを変えると、次にまた何か変えようと人は思うかもしれない。それを続けると、相撲は相撲じゃなくてほかのスポーツになります。つまり、日本の伝統的な文化もなくなりますよね。だから、伝統を守るために女性が土俵に上がれないことは必要でしょう。

| 教師の
フィードバック | ： | おもしろい点だと思います。新しい時代に合うように変えていくと、伝統がなくなり、世界中の文化は「メガカルチャー」と呼ばれる一つの文化になる、という意見がありますが、これに関してはどう思いますか。 |

これに対しては、「伝統的な文化がなくなる」という具体的な見解に抽象的要素（超級）を加えるために「メガカルチャー」の是非に考えを広げるように指示しました。

　これらのフィードバックは、「事実を述べる（上級）」ことを超えて「男女平等」「文化の消失」といったテーマをさらに深く考察させるためのものです。そのために必要な言語活動も語彙、言い回し、構成の面から、より深いものが要求されます。超級をめざす練習には学習者に常にそれを意識して練習させることが必要です。

4.2.2　授業（2）：ディベート

　Brownはディベートの準備において、話す練習と書く練習を並行して行っていますが、筆者は別々に行いました。同じ話題について意見を書かせた場合、ディベートの際、その書いた内容をそのまま発話してしまう危険性があるからです。超級の「話す能力」は覚えた内容を産出することではなく、自分の意見をその場でまとめ、複段落で叙述する能力です。それを重視して、ディベートの前にあえて書く課題は出しませんでした。ディベートの前にはチームで集まり、さらに効果的な意見の提示について考え、本番のディベートに備えました。また、個人レベルでは採点基準をもとに自分の担当の論点を表現する練習をすることを課題としました。

　授業では表9の形式にしたがってディベートを行いました。この際、教師はディベートの審判としてチームの基準表に点をつけ、講評を行いました。また、ディベートはフィードバックのためにすべて録音しました。ディベートのあと、学生一人ひとりに面談の形でフィードバックを与えました。ディベートの目標は超級レベルの話す能力に近づくことですから、フィードバックも学生自身がディベートでの自らの発話を聞きつつ採点基準をもとに改良点を示すという方法を採択しました。

文法、発音の間違いに関しては、すべて直すのではなく、超級の基準に照らして指摘しました。フィードバックの基準にもあるように、超級の「正確さ・理解難易度」は「間違いがコミュニケーションに支障を与えない」（ACTFL, 2024）ということです。第4部 第1章で述べたように、「間違い」は発音の間違い、文法の間違いを含みます。また、「化石化から解放する」（Leaver & Campbell, 2012, p.12）ことも目標に置き、「母語話者に理解されない」であろうと思われる発音、イントネーションの矯正を行いました。また、文法の間違いも化石化していると思われるもの、コミュニケーションに支障をきたすと思われるものを中心に指摘し、化石化からの解放をめざしました。
　フィードバックを与えたあと、学生はどのように直すのが効果的かを考え、もう一度同じ箇所の内容を口頭で述べました。
　次の例はディベートでの学生Aの反論です。

学生Aのディベートでの反論

学生A　：　①Cさんは、規則が変わると文化がなくなると言いました。しかし、文化はいつも変化します。文化はなくなりません。それで、社会も文化も変化してもいいと思います。
　　　　　相撲は女性差別がある時代に、②女性は穢（けが）れるから神聖な土俵（どひょう）に上がるのはだめという規則ができました。しかし、③女性差別は変化して、現在は男女平等の時代です。このように社会は変わりました。それにともなって相撲の規則が変化することは、自然だと思います。④例えば、前に外国人力士は横綱になれないという規則がありましたね。でも、歴史が変化して外国人力士が増えたとき、その規則も変わりました。土俵の規則も同じです。
　　　　　それから、文化は変わらないものという考えは⑤間違っています。⑥例えば、寿司文化も外国に輸出して、日本にない寿司が作られました。カリフォルニア巻きという寿司とかフィラデルフィア巻きという寿司とかスパイダー巻きという寿司はアメリカで作られました。その後、日本に輸入して、今、日本でとても人気だそうです。それは、外国の文化が日本の文化に入った例です。
　　　　　⑦相撲も同じように変わってもいいと思います。

この反論の下線部分に関して教師はフィードバックを与え、それをもとに学生は言い直しました。学生が直した発話は次の通りです。

教師の フィードバック	：	①反論の「文化は変化している」という点ははっきり出せていますが、そのあとの文の意味がはっきりしません。先に「社会」について述べて、文化と結びつけたほうがわかりやすいでしょう。
学生A （直した文）	：	Cさんは規則が変わると文化もなくなると言いました。しかし、社会の規則が変わるとそれにともなって文化も変化するのではないでしょうか。言い換えれば、新しい規則ができると文化も新しくなるのではないでしょうか。
教師の フィードバック	：	②：「穢れる」という表現は「穢れている」に直しましょう。また、「上がるのはだめ」という表現はくだけた感じがするので、「上がってはいけない」「上がることを禁止されている」「上がることは許されない」等の表現を使いましょう。
学生A （直した文）	：	女性は穢れているから神聖な土俵に上がってはいけないという規則ができました。
教師の フィードバック	：	③非常によいポイントですが、内容に深みがありません。もっと情報を付け加えましょう。
学生A （直した文）	：	前は女性差別の時代でしたが、歴史の中で人々はそれは間違いと認識しました。それで、だんだん男女平等の社会に移りました。このように社会は変化しました。
教師の フィードバック	：	④これも非常によいポイントです。しかし、「歴史が変化した」と一文で述べてしまうと内容が平板になります。どのように変化したのかを述べるとよいでしょう。例えば、「力士になるには厳しい稽古が必要で、日本人の若者で力士をめざす人は少なくなった。その力士不足を補うために海外から積極的に力士候補者を勧誘し、結果として外国人力士が非常に多くなった」という情報を入れてみたらどうでしょうか。また、「土俵の規則も同じ」という文ももっと説明が必要です。

学生A （直した文）	：	前は、力士は日本人が多数でした。そのときには横綱は日本人だけなれるという規則ができたんですが、そのあと、力士になりたい日本の若者の数が少なくなりました。それは、さまざまな理由がありますが、稽古は厳しいことは一つです。それで、そういう厳しさに我慢できる人は日本に少なくなったので、外国人をかにゅうして、その結果外国人力士が多くなりました。そのため、規則を変えなくてはいけなかったんです。土俵の規則も同じです。前には女性は穢れていると考えられましたが、その考えは、現在はありません。したがって外国人が横綱になれると同じように女性が土俵に上がるのは禁止という規則も変わるべきではないでしょうか。
教師の フィードバック	：	⑤「間違っています」という表現は意見を述べる際、非常に主観的な感じを与えます。「と思われます」「のではないでしょうか」等の表現と一緒に使うとよいでしょう。
学生A （直した文）	：	文化は変わらないという考えは正しくないんじゃないでしょうか。
教師の フィードバック	：	⑥これもよいポイントです。「輸出する」「輸入する」は、受け身形に直しましょう。
学生A （直した文）	：	寿司の文化も外国に輸出されて、日本と違う寿司が作られました。カリフォルニア巻きという寿司とかフィラデルフィア巻きという寿司とかスパイダー巻きという寿司はアメリカで作られました。そういう寿司が、日本に輸入されて、今、日本でとても人気になったそうです。それは外国文化によって日本の文化が変わった例です。同じように、日本の文化も新しい男女平等という考えによって変わるのはよいと思います。
教師の フィードバック	：	⑦結論としてはっきりしていますが、相撲の何が変わってもよいのか、何と「同じ」なのかを示すと論点がもっとはっきりします。

| 学生A
（直した文） | ： | このように文化はいつも同じじゃありません。歴史や外国の影響で変わります。相撲も同じと思います。土俵は前はそのときの歴史や文化のおかげで女人禁制でしたが、今はそういう歴史や文化は変わりました。今は、女性は穢（けが）れている考えはありませんから、土俵に女性は上がってもいいのではないでしょうか。 |

　このようなフィードバック、言い直しのあと、次の授業で同じ論点で全体の意見を述べて複段落の構成、内容の総復習をしました。
　フィードバック後の学生の発話に見られるように、学生の発話は教師が与える「足場かけ」によって、ディベート時の発話より超級に近づいていることがわかります。学生Aが言い直した文を考察してみましょう。

①「Cさんは規則が変わると文化もなくなると言いました。しかし、社会の規則が変わるとそれにともなって文化も変化するのではないでしょうか。言い換えれば、新しい規則ができると文化も新しくなるのではないでしょうか。」
→はじめの反論は意味不明でしたが、反論の論点が明確に示せています。

②「女性は穢（けが）れているから神聖な土俵に上がってはいけないという規則ができました。」
→「女性は穢（けが）れる」という文法の間違いによるコミュニケーションの支障が取り除かれました。また、議論のモードに合った表現が使用できています。

③「前は女性差別の時代でしたが、歴史の中で人々はそれは間違いと認識しました。それで、だんだん男女平等の社会に移りました。このように社会は変化しました。」
→まだ、情報不足、表現の稚拙さのために超級の発話の一部として適当ではありません。例えば、「どのように認識するに至ったか

という情報」を加えることが理想的ですし、「だんだん男女平等の社会に移りました」という表現は超級としては稚拙です。しかし、複段落の一部として最初の文よりよくなっていると言えるでしょう。

④「前は、力士は日本人が多数でした。そのときには横綱は日本人だけなれるという規則ができたんですが、そのあと、力士になりたい日本の若者の数が少なくなりました。それは、さまざまな理由がありますが、稽古は厳しいことは一つです。それで、そういう厳しさに我慢できる人は日本に少なくなったので、外国人をかにゅうして、その結果外国人力士が多くなりました。そのため、規則を変えなくてはいけなかったんです。土俵の規則も同じです。前には女性は穢（けが）れていると考えられましたが、その考えは、現在はありません。したがって外国人が横綱になれると同じように女性が土俵に上がるのは禁止という規則も変わるべきではないでしょうか。」

→この発話は「かにゅう」という語彙の間違いはありますが、超級の複段落の一部として適切なものにかなり近づきました。横綱の例を提示し、それを自分の反論と結びつけて論じていますし、結論の提示においても両者を再び比較して意見を提示しています。次の課題は洗練された表現の使用（「我慢する」等）、さまざまな文末表現の使用（「わけです」「という事情があります」等）などがあげられます。

⑤「文化は変わらないという考えは正しくないんじゃないでしょうか」

→意見叙述に適当な表現になりました。

⑥「寿司の文化も外国に輸出されて、日本と違う寿司が作られました。カリフォルニア巻きという寿司とかフィラデルフィア巻きという寿司とかスパイダー巻きという寿司はアメリカで作られました。そういう寿司が、日本に輸入されて、今、日本でとても人気になったそうです。それは外国文化によって日本の文化が変わった例で

す。同じように、日本の文化も新しい男女平等という考えによって変わるのはよいと思います。」

→受け身形を使うことによって「寿司文化も外国に輸出して」という「文法の間違いによるコミュニケーションの支障」が取り除かれています。また、「同じように、日本の文化も新しい男女平等という考えによって変わるのはよいと思います」のように、学生自ら例をさらに論点に結びつけて提示しようとする試みも見られます。

⑦「このように文化はいつも同じじゃありません。歴史や外国の影響で変わります。相撲も同じと思います。土俵は前はそのときの歴史や文化のおかげで女人禁制でしたが、今はそういう歴史や文化は変わりました。今は、女性は穢(けが)れている考えはありませんから、土俵に女性は上がってもよいのではないでしょうか。」

→前の例の論点と結びつけることによって、しっかり締めくくられています。複段落の締めくくりとして適切な終わり方です。「流動的」等の語彙、洗練された文末表現等が使えるとさらに超級に近い発話になると思われます。

このように、教師の足場かけは単に間違いを指摘する、文法的に正しい文を言わせることではなく、超級レベルには何が必要かを示し、学生自らがそれらの点を意識して言い直すことが効果的です。

また、ディベート後の宿題として、作文／小論文を課しました。学生に与えた指示は次の通りです。

① 話題はディベートと同じ。
② ディベートで指示した意見と反対の意見を支持する。
③ 「だ・である体」で書く。
④ ディベートのときと同じように意見をさまざまな方向からサポートする。
⑤ A4サイズ、12ポイントのフォントで1ページから2ページ
⑥ 評価の基準はディベートの評価の基準と同じ。

この書くタスクは、「話すプロフィシェンシー」と並行して「書くプロフィシェンシー」も超級に導くという意図があります。反対の立場から意見を叙述する過程で学習者は複段落の構成を復習できますし、すでに学習した語彙、表現の定着にも役立ちます。この課題にもディベートと同じようにフィードバックを与え、書き直すことにより超級に近い小論文を仕上げるというステップを取りました。

　ディベートは協働で行うタスクですので、準備の際にチームメート間のフィードバックのやりとりを行います。これはフィードバックを受け取る側も与える側も、自らの発話に関して再考できるという利点があります。しかし、授業のゴールは、最終的には、自分の力で超級、またはそれに近いプロフィシェンシーレベルの意見の叙述ができることです。そのために、上述のようなディベートを3回行ったあと、ディスカッションに移行しました。ディスカッションにおける資料収集、語彙リスト作成はディベートの際と同じですが、準備の段階では、小グループに分け、「ブレーンストーミング」的にどのような議論が可能かを話し合いました。ディスカッションの授業の前に学生は採点基準を参考にして、個人で自分の意見の効果的な提示法を考え、口頭で叙述できるように準備しました。ディスカッションの際のフィードバック、後作業はディベートと同じです。

4.2.3　個人研究

　ディベート、ディスカッションの形式で超級レベルの能力に学生を導く授業の集大成として学期末に個人研究の発表を課題としました。これは、ディベート、ディスカッションを通じて学んだ意見の提示の過程を総復習し、自分の力で効果的な方法でプレゼンテーションをするという目的があります。研究発表は、ともすれば調べた内容をそのまま伝えるという形になりがちですので、次のような規定を与えて事実の提示にとどまらないようにしました。

① 興味がある社会現象を選び、議論されている話題を調べる。2つ以上の論点がある話題を選ぶこと。
② オンラインプログラム等を利用して最低一人の日本人に話題につ

いて意見を聞き、それを論文に入れること。
③ その話題について、必要な単語を調べる。
④ 今学期習ったことを生かして複段落で話題についての小論文を書く。自分の意見をはっきり提示すること。
⑤ 小論文をもとにしてスライドを作成し、口頭で発表する。発表は書いたものを読んではいけない。スライドを提示してそれぞれのスライドについての要点を話せるようにしておくこと。
⑥ 小論文、発表、ともに採点基準はディベートの個人の採点基準と同じ。

教師は学生が選んだ社会現象、話題について個人面談を行い、アドバイスを与えました。最終的に学生が選んだトピックは次の通りです。

表10　学生の個人研究トピック

学生	話題
A	中絶について（中絶禁止論）
B	女性の地位について（内閣の半数は女性にすべきか）
C	日本の女性の地位（女性の地位を向上させるために何が必要か）
D	中国の経済と環境（経済発展と環境保護はともに達成できるか）
E	漫画、アニメについて（国語の教材として用いるべきか否か）
F	原発の問題について（原発廃止論）

学生Cを除く全員のトピックは「賛成、反対」を示すことができるものになりました。学生Cのトピックは、女性の地位向上に必要な要素を列挙するのみ（上級レベルのタスク）になる危険性があります。それを防ぐために、地位向上によって何がもたらされるかを結論にするようにアドバイスを与えました。

上の話題からも明らかなように学生が選んだ話題は身の回りの話題を超えた社会問題であり、それを論ずるためには問題に関する洗練された表現、フォーマルな表現が必要です。また、学期を通じて練習し

た複段落で書き、話すタスクの総復習ができる話題です。学生たちが最終的に提出した小論文のレベルは次の通りです。

表11　小論文のレベル

	A	B	C	D	E	F
学期のはじめの書くレベル	上級-下	中級-上	中級-上	上級-下	中級-上	上級-中
小論文の評価	上級-中	上級-下	上級-中	上級-中	上級-下	上級-上

　学生が作成した小論文は推敲を重ねたもののため、学生の「書くプロフィシェンシー」（トピックを与えられ、その場で辞書を引かずに書く能力）を反映しているとは必ずしも言えませんが、6人全員が学年のはじめの書く能力より上のレベルの論文を作成できたことは特筆に値すると言えるでしょう。

❺ 学期末の学生の話すプロフィシェンシー

　学年の終わりに授業内容とは関連のないOPIを全員に行い、各学生の学期のはじめと終わりのプロフィシェンシーを比較しました[注2]。

表12　学期のはじめと終わりの話すプロフィシェンシー

学生	A	B	C	D	E	F
学期はじめ	上級-下	中級-上	上級-下	上級-下	中級-上	上級-下
学期終わり	上級-中	中級-上	上級-下	上級-中	中級-上	上級-中

　OPIは準備なしで話すプロフィシェンシーを測定するアセスメントですから、結果は各学習者のレベルを正確に表していると言えます。学期はじめと学期の終わりを比較すると、中級-上であった学生Bと学生Eの

注2　筆者によるadvisory ratingの結果です。

プロフィシェンシーは同じであることがわかります。中級の学習者が上級に上がるのは時間と努力を要します。彼らが上級に上がるためにはさらに練習が必要ですが、実際に彼らを教えた教師から見て、授業での上級のタスクを通じてかなり上級に近づいたというのが感想です。

学年のはじめに上級–下であった4人の学生は4人中3人が上級–中に上がることができました。超級にはまだ遠いですが、学期のはじめには事実を詳しく述べるのが精一杯であった（上級–下）話す能力が、抽象概念を含む意見を述べる超級の能力に近づいたと言えます。学期を通じて行った超級を視野に入れた活動は彼らのプロフィシェンシー上達に貢献したと見てよいでしょう。

❻ 今後の課題

筆者の「上級の学習者を超級に近づける授業」の課題、改良すべき点は次のようなものがあげられます。

まず、教材はより多岐にわたるものが望まれるということです。この授業では、主にオンラインの記事をもとに教材を協働で作り上げていきました。それに加えて、記事の話題に関連するニュースも語彙、内容の伝え方等の面で役に立つ教材であると思われます。また、日本人によるディベート、議論の録画を取り入れることにより、より効果的にフォーマルな話し方、洗練された文末、接続表現等の習得に導くことができます。

當作・中野他（2012）は言語教育において、言語を通じて多様な人、モノ、社会、文化と「つながる」ことにより言語だけではなく、社会の中の一人の人間としての生活力、創造力、人間性を身につけることに導くべきだという提言をしています。筆者の授業でも日本人に意見を求めるというタスクは取り入れましたが、深く話題に関して議論したり、ともに何かを築き上げるというレベルには至っていません。今後、授業により広い「つながり」を取り入れることによって、言語プロフィシェンシーのみならず、学習者の創造力、人間性をもっちかう内容にしていくことが可能だと思われます。例えば、学習者が日本で生活する人とさまざまな話題に関して深く議論する、また、その際に助言を受けるという形態があげられます。また、他国の日本語学習者と協働

する機会を与えることも有益なタスクだと言えます。

❼ まとめ

　超級レベルに達するには、学習者は洗練された表現を含む広い語彙、複段落で意見を述べる能力、日本社会における知識等を身につけねばなりません。つまり、「広さと深さ」が必要となるということです。そのようなプロフィシェンシーをめざすために教師ができることは、多岐にわたる話題をさまざまな方法で取り入れ、学習者の糧とすることです。その際には、何が超級の発話に必要かを学習者に理解させ、その上で段階的に彼らを超級に導くことが効果的であると言えるでしょう。

参考文献

American Council on the Teaching of Foreign Languages (2024). *ACTFL proficiency guidelines 2024*. Alexandria, Virginia: ACTFL.

Brown A. (2009). Argumentation and debate in foreign language instruction: A case for the traditional classroom facilitating advanced-level language uptake. *The Modern Language Journal, 93* (4), 534-549.

Brown, A. & Bown, J. (Eds.). (2015). T*o advanced proficiency and beyond: Theory and methods for developing superior second language ability*. Washington, D. C.: Georgetown University Press.

Leaver, B. L. & Campbell, C. (2015). Experience with higher levels of proficiency. In A. Brown & J. Bown (Eds.), *To advanced proficiency and beyond: Theory and methods for developing superior second language ability* (pp.3-21). Washington, D. C.: Georgetown University Press.

柏野和佳子・田嶋明日香・平本智弥・木田真理 (2016).『学術的文章作成時に留意すべき「書き言葉的」「話し言葉的」な語の文献調査』言語処理学会 第22回年次大会発表論文集.

国際文化フォーラム (2013).『外国語教育のめやす：高等学校の中国語と韓国語教育からの提言』国際文化フォーラム.

3 上級の学習者が超級をめざす授業

渡辺素和子

❶ はじめに

　この章では、超級をめざすための授業案を5つ紹介します。前章で説明したように、超級の主軸となる「機能・総合タスク」は、意見の叙述です。これは、「自分の興味のあることがら」や「専門分野」などの話題について、「論じる」ことで、一般的かつ抽象的なレベルで自分の考えを述べることが要求されます（ACTFL, 2024）。そのためには、まず、語彙力を強化しなければなりません。それを考慮に入れて、一つ目の指導案は、語彙力アップを目標とした活動を提案します。そして、意見陳述を練習する授業案を3つ、また、仮定の議論展開の授業案を一つ紹介します。

❷ 語彙力アップ：社会性を持つ話題の深掘り－授業案1

　超級レベルで意見を述べるためには、議論の構築が必要です。そのためには、ナレーションと叙述によって問題点を正確に伝える力がついていなければなりません。教師の頭の中には、超級＝意見陳述という構図があり、学習者の語彙力が未発達なうちに意見を述べさせてしまいがちです。しかし、これは失敗につながりかねません。話せる話題は上級レベルの一般的な話題ですが、超級では「専門分野」に範囲が広がります。つまり、ある程度専門性のある語彙のコントロールが必要となってきます（ACTFL, 2024）。

　そこで、語彙の幅を広げるだけでなく、精度を高めて使えるようにしていくために、「社会性のある話題を深掘り」する授業案を紹介します。これは、報道記事を読むという活動を土台にして、語彙力アップのために記事の話題を深掘りする活動です。

2.1 深掘りのための問題提起

　まず、クラス全体で、教師が選んだ一つの記事を使って理解を確認します。次に下の3点に関してディスカッションします。

① 事件は何か、何があったのか
② 関連する分野がわかる情報は何か（政治、経済、環境など）
③ 事件・出来事はなぜニュースに値するのか

　①については、説明は不要だと思います。②は、ただ該当する分野を示すのではなく、どうしてその分野だとわかるのかを説明する練習をします。内容によっては、複数の分野に関わっていることがあるので、書かれている内容のどの部分が該当する分野を表しているのかを分析して説明することを目的とします。
　③については、あらためて問われると、母語話者でも答えるのに戸惑うのではないかと思います。例えば、ある二国間で戦争が勃発した場合、それがニュースになることに私たちは何も疑問を持たず、「戦争がニュースになるのは当たり前」としか答えられないかもしれません。しかし、「もしそのニュースを知らされていなかったら、どういう問題が生じるか」「その二国間で戦争になるのは、予測できていたとしたら、今までどういう経緯があったのか」というように質問の角度を変えると、「当たり前」以外の答えも可能になってくるでしょう。例としては、「もし戦争になったら、片方の国が絶対に負けるので、周囲の国々が心配しているから大きなニュースと言える」という説明が可能です。「なぜニュースに値するのか」という問いかけによって、記事の内容をさらに深掘りしなければ、答えられません。それによって、記事に出てきた語彙のほかに関連した語彙を増やす機会になります。
　次に、3つの項目について、日本語できちんと表現できるように練習をします。以下は、ある記事についての①②③の例です。

① X国の自動車会社の会長が逮捕された。（詳述はここでは省略）
② 刑事事件、経済、環境問題
③ この会社の車の二酸化炭素排出のデータが改ざんされていること

がわかった。この会社の車は世界各国に輸出されているので、多くの国で環境問題に影響が出ることが懸念されている。また、リコールの問題もあり、消費者への影響も出るであろう。かなり大きいニュースであると言える。

　これをみると、漢字の熟語が頻出しているのがわかります。超級レベルに到達するために、これらの表現を練習し、定着させることが目的です。

2.3　話題発掘作業

　次は、グループ、または、個人で、各自取り組みたい記事を探し、内容を調べて発表の準備をします。必要に応じて、内容を要約したものを提出し、教師がフィードバックを与えることを勧めます。誤った解釈や間違った言語使用を防ぐという目的もありますが、それよりも重要なのは、教師が建設的な疑問を投げかけることで、学習者が記事の本質を考えることを促すことです。語彙力を強化するためには、ただ単に語彙リストを与えればよいというわけではなく、超級レベルで要求される批判的な視野を意識することが必要です。もし、的確な用法を知らずに語彙を使っているようであれば、教師はどういう意味で使っているのか問うべきです。また、辞書から語彙を丸写ししただけで、本人が理解していない傾向が見られれば、その語彙の定義を自分のことばで言い換えられるかチェックしてもよいでしょう。

　また、もう一つここで達成したいことは、漢字の熟語、漢語表現を多く習得することです。回りくどい表現があったら、漢字の熟語に変えられることを指摘して、学習者自身に適当な語彙を見つけるよう指導するとよいでしょう。例えば、「いろいろな物を買う人たち」だったら「物を買う人たちのことを漢字の熟語で何といいますか」と聞き、学習者が「消費者」という語彙を自分で発見します。

2.4　発表

　発表の形式は、「スライドを使用しながら発表する」「スライドなしの発表を単独で行う」「グループ発表する」といった形式があります。

また、3～5人ぐらいでパネルを組み、各発表者がそれぞれ読んだ記事について発表するという形もあります。発表後の質疑応答も時間の許す限り設けましょう。

発表では、発表者はまず、新しく学んだ語彙、表現を提示します。プリントを配布したり、スライドで提示したりする方法がよいでしょう。各語彙、表現には例文をつけるように指導します。次に例を示します。

例) 懸念　a concern
　　少子化が懸念されている。
　　少子化が続くという懸念がある。
例) 二酸化炭素排出量　CO2 emissions
　　アメリカは二酸化炭素排出量の多い国である。

語彙、表現を提示したあと、発表者は前述の3つの点に関して口頭で発表します。発表の中でも新しい語彙、表現が使われますので、聞いている学習者はそれらの語彙、表現をさらに学習することができます。

超級話者は、「懸念されている」「効果的だ」「前提とする」等の洗練された表現、「二酸化炭素排出量」(環境問題)「差別、平等」(人権問題)「金融機関」(経済)等の専門的語彙が使える必要があります。さまざまな話題に関して発表準備をし、発表を聞くという授業活動から、学習者は多く語彙が効果的に習得できるでしょう。

2.5　語彙習得のまとめ

前述のように、一般的な話題を語るのに使用できる洗練された語彙や、専門分野の語彙を習得している必要があります。学習者が超級に到達するために多様な語彙を習得するには、上記のようにさまざまな話題を扱うことが必要です。さらに個々の時事問題の内容を重視つつ、語彙に注目し、語彙を積み上げていくことが効果的であると言えます。

❸ 意見を述べる―授業案2, 3, 4

意見陳述の力をつけるために、ディベート、陳情書、反論の3つの授業案を紹介します。

3.1 授業案2―グループディベート

筆者の担当する会話の授業でのグループディベートを紹介します。

目的：意見を述べ、反対意見に対して反論を述べる
議題：既習語彙で話せる程度の話題で、賛成反対両極に分かれるものを選ぶ。
　　例：留学したら、寮に住むのがいいか、ホストファミリーと住むのがいいか。大きい大学がいいか、小さい大学がいいか。都会と田舎とどちらに住むのがいいか。

3.1.1 反対・賛成の理由をブレーンストーミング

クラス全体で、賛否の理由を考え、教師は学習者から出たアイデアを表1のようにいつでも学習者が見られるように板書します。

表1　ブレーンストーミングの板書例

	都会に住む	田舎に住む
いい点 賛成の理由	店が多い 遊べる	自然がいっぱい 人がやさしい 物価が安い
悪い点 反対の理由	うるさい 治安が悪い	不便―乗り物があまりない レストランが少ない

3.1.2 役割を決めてリハーサル

クラスを無作為に2つに分け、賛成・反対の立場を与えます。賛成派、反対派のグループが対面するように座り、交互に一人につき一つの理由を言う練習をゆっくり時間をかけて行います。
はじまりは、下記のように、教師がリードしていきます。

教師	：	じゃ、私が司会をします。都会に住むのと田舎に住むのとどちらのほうに賛成ですか。Aさん、意見をお願いします。
A	：	私は、都会に住むほうがいいと思います。
教師	：	なぜですか。（できれば、教師がなぜですかと聞かなくても自分から理由を加えるように指導します）
A	：	店がたくさんあるからです。
教師	：	そうですか。では、Bさん（田舎派）はどうですか。
B	：	僕は、自然がいっぱいあるので、田舎のほうがいいと思います。
教師	：	では、Cさん（都会派）はどう考えますか。

　　　　　…最後の学生が意見を言ったあと…

| 教師 | ： | そうですか、いろいろな意見があるんですね。皆さんの意見を聞いて、ちょっと田舎のほうがいいかなと思えてきました。今日は皆さんの意見を聞かせてくれてありがとうございました。 |

　　　ー次に、教師は一つのグループに加わりますー
　　　ー教師は、都会派グループのほうに座るー

教師	：	私も都会がいいと思います。コンサートとかお芝居とかもすぐに行けるんですよね、都会だと。でも、Xさんはどう思いますか。（田舎派のXさんを指名）
X	：	そうですね、私は、田舎のほうが静かで人がやさしいのでいいと思います。
教師	：	Xさん、反対側のグループの次の人を指名してください。
X	：	あ、じゃぁ、Yさん。

　次は、ほかの人の言うことにも耳を傾ける初期練習として、典型的な前置き表現を述べる練習をします。前置き表現には以下の例があげられます。

「それはそうですけど」
「そうですね。でも」
「それはわかりますけど」
「Xさんのいうことはわかりますけど・その通りだと思いますけど」

前置き表現を言わなければいけなくなると、タイミングよく言おうとするので、前の発話者の言動に注意を向けるようになります。

次に、単純な文で理由を述べていたのを、複文、段落と発話を拡張していきます。一つのストラテジーは、前者の言ったことの一部の繰り返しを加えることです。

A ： 都会のほうが、レストランがたくさんあって、楽しいと思いますけど、Bさんはどうですか。
B ： まぁ、<u>レストランがたくさんあって、楽しい</u>というのはわかるけど、でも、田舎のほうが、きれいな自然があると思いますね。自然があったほうがいいと思いますよ。

上の下線部のように、Aの言ったことの一部をリピートするのですが、「というのはわかるけど」など反対意見に持っていけるような言い回しにすることで、自分の意見につなげることが可能になります。

次は、それまで一人につき一つの理由だった制約を解いて、一人につき2つ（以上）理由を言ったり、例を加えたりする練習をします。

A ： 田舎は静かだからいいです。都会だと、電車や車の音が遅くまで聞こえてうるさいって友だちが言っていたんです。うるさいのはやっぱりいやじゃないですか。

このようにディベートをグループで行う練習は、一人で意見を述べるというような難易度の高いレベルへの橋渡しになります。

3.1.5　グループディベートの効果

筆者の授業では、期末の口頭試験を一対一のインタビュー形式で行います。その中に、「居住地を選ぶ場合、都会の中心部がいいのか、郊外のほうがいいのか意見を述べる」というタスクも入っています。クラスでディベートを一回程度しか練習していないにもかかわらず、ほとんどの学生は、暗記してきたものをただ口に出すのではなく、教師からの質問や反対意見にもきちんと対応できるようになっています。グループディベートを経験することによって、意見の述べ方、反対の

仕方が習得できたと言えるでしょう。

3.2　授業案3―陳情書

　この活動は、学習者が個人的に問題だと感じていることについて、意見書や陳情書のような形にして書く活動です。問題点とその理由、そして自分の意見とその理由を、文法や語彙を正確にかつ効果的に駆使して意見を構築する練習です。最後には、公聴会のような設定で、口頭で自分の主張を訴えるという形にして学習者を評価することもできます。

3.2.1　陳情書の設定を決める

　設定には、誰に宛てて陳情するのか、問題の内容、陳情書の内容構成が考えられます。まず、「誰に」という点ですが、意見書を書いたり、文句を言ったりするのにはたいてい相手が必要です。例えば、大学で解決してほしい問題を訴えるのであれば、理事会にあてて手紙を書きます。日本に留学した設定で、住んでいる寮やアパートについての陳情書であれば、管理人や留学センターの担当者を相手に書きます。

　問題の内容も、ニュースというより、自分の生活に基づいた身近な問題のほうが取り組みやすいでしょう。例えば、学食のメニューを増やしてほしい、寮の住人の交流会を定期的に催してほしい、などです。ただし、周囲にも目を向けてほかの人々も同じ考えを持っているかを検討することで、個人レベルの不満や問題にも、一般性、公共性が出てきます。また、商品についての意見や注文も学習者からいろいろなアイデアが出てきそうです。例えば、商品のパッケージの構造が悪いため開封時に手を傷つけそうになって危険なので、それを改善してもらいたいと会社に陳情書を出すことなどが考えられます。

　このような公的な文書は、友人などに出す手紙やコンテクストのない作文との違いに注目して文末表現や構成を指導していきましょう。出だしで簡潔に要点を述べ、問題が何なのか説明し、どうしてほしいのか、そしてその理由を書いて、最後に定型の締めくくり（例：「なにとぞご検討のほどよろしくお願いいたします」など）で終わる、と言った構成を指導します。

　以下に授業案を提示します。

<手順>
(1) モデルとなる陳情書を読む（クラス全体）—意見書・陳情書のモデルを読んで、読解作業をしたのち、構成について説明します。

例1　陳情書例文

問題提示	この寮は便利だし、静かだし、とても住みやすいと思います。ただ一つ私が改善してほしい点は、住人間の交流があまりないという点です。
理由	私は、「日本人と外国人が一緒に住んで交流できる寮」という広告を見てこの寮に決めました。でも、実際は日本人と外国人の交流はあまりないようです。
要望・提案	もし、住人が定期的に集まる機会があれば、お互いに知り合えて、それが交流につながると思います。月に一度「映画会」などの行事があったらいいと思います。
社会への影響	せっかく日本人と外国人が一緒に住んでいるのに、その機会を交流に利用しないのは残念です。交流の機会があれば、日本人も外国人もお互いからいろいろなことを学べるのではないでしょうか。
締めくくり	交流の機会を設けることを検討してください。よろしくお願いいたします。

(2) 各自の問題の発表（クラス全体）—学習者があらかじめ用意してきた問題を発表します。例文に沿って、どうして問題なのかの理由、そして、要望、提案を、単文で終わらせず詳しく説明する練習を導入します。

(3) 自主作業—宿題として、各学習者が選んだ問題について陳情書を書いていきます。途中で何回か書いたものを提出させて、進捗状況を確認するとよいでしょう。

(4) 発表（クラス全体）—意見書・陳情書を提出するだけではなく、授業時間を使って、「私の主張」と題して発表会を催すことも可能です。書いたものを説得力のある読み方で読むだけでもいいですし、原稿を見ずに公聴会のような設定で訴える、といっ

た形で授業に導入することができます。また、ポスター発表形式にしてもよいでしょう。

　この陳情書を書くという活動は、自分の主張を整理してまとめたり、語彙を増やしたりすることによって、超級の「論じる」という機能の練習になります。また、個人レベルの問題を陳情書に書くことによって、社会レベルの視点が生まれますし、フォーマルな場面での論じ方を学ぶことができます。

3.3　授業案4―反論する

　この「反論する」という活動は、情報や主張の中に論理の矛盾や納得できない点を探し、なぜ反論するのか説明するというのが目的です。教材としては、ウェブのニュースサイトや動画サイト上で、記事や動画へのコメントが書き込まれているタイプのものを使うとよいでしょう。投稿者のコメント自体に矛盾を見いだす場合もあれば、批判的なコメントを見ることによって、記事に取り上げられている内容そのものに疑問を提示することができます。

3.3.1　納得のいかない点を言語化

　実際のニュースを扱う前に「疑問の提示」「矛盾の指摘」のために有用な表現を紹介しておきます。例えば、「はたして～だろうか（はたして～でしょうか）」「～ではないか（～ではないでしょうか）」「～と言えるだろう（と言えるでしょう）」「～のは矛盾している（～のは矛盾しています）」等の表現があげられるでしょう。

　次に、ニュースを選んで紹介します。例えば、「7月1日からレジ袋有料化が始まる」という報道記事を使った授業を考えてみましょう。まず、そのニュースに関する書き込みを提示します。

例2　ニュース記事

[書き込み]
レジ袋の有料化なんて、悪法以外の何ものでもない。レジ袋なんて、全部のゴミの数%にすぎないのだから、ゴミ削減に効果はない。

このタスクは、ある書き込みに「疑問を提示」することです。それにあたって、学習者はまず自分で調査し、反論の材料を集めます。本当にレジ袋は全体のゴミの数％にすぎないのか、他国においてレジ袋の有料化はゴミ削減に効果がなかったのか、等について調べて、結果を反論の中に入れ、より強く反対意見が提示できるようにします。

次に、最初に導入した言い回しを活用して、反対意見を書きます。この際、書く内容のアウトラインを足場として提示しておくとよいでしょう。例えば、次のようなアウトラインが可能です。1）疑問提示 2）裏づけ 3）結論

次の例は上記のアウトラインに沿った反論の例です。

疑問提示	コメントの筆者は、レジ袋の有料化はゴミ削減に効果がないと言っている。はたしてこの意見は正しいだろうか。
裏づけ	私が調べたところによると、レジ袋は全体のゴミの7％である。コメントの筆者は、「数％にすぎない」と言っているが、7％は「数％にすぎない」数字ではない。7％のゴミが削減されることは、ゴミ問題解決への一歩ではないだろうか。
結論	日本のゴミ問題は深刻である。レジ袋有料化のように少しずつゴミを減らす対策こそが問題解決への鍵であると言えるだろう。

さらに書いたものをもとに口頭で「反論を述べる」練習もできるでしょう。

超級の話者は自分の意見を述べるため、反論する能力も必要です。このような練習を重ねることにより、超級に必要な能力をつちかうことが可能だと言えます。

3.3.2 自主調査

各自選んだ記事について疑問や矛盾を言語化したら、次は、その疑問を解決するために、各自で調査をします。レジ袋有料化の例の場合は、次の3つの調査方法が考えられます。

① 自分の周囲の人にレジ袋有料化についていい点はないか聞いてみる。
② レジ袋は、全体のゴミの何％なのか調べてみる。
③ プラスチック削減のために、ほかにどのような対策があるか調べて、比較する。

　この調査は、グループやクラス全体で話し合いをしたり、各自が宿題として調査したりといろいろな形式が可能です。ただ、クラスメートと話し合う機会を持ったほうが、お互いに刺激を受けて、いろいろなアイデアが出てくるのではないかと思います。オンラインの掲示板機能を持つプログラムを使えば、各自都合のよいときに調査をし、その結果をいつでも掲示板に投稿することができます。

3.3.3　最終報告

　矛盾や疑問が解決したとしたら、どのように解決できたかを報告します。また、自分はどちらの立場を擁護するかを説明します。もし、矛盾・疑問が解決しなかった場合は、どうして解決できなかったのか、どのような情報が不足しているのかなど理由を説明することで報告を完成させることができます。この最終報告は、「報告書」として書いたものを提出してもよいですし、口頭発表をしてもよいでしょう。次ページの例3は報告書の構成とその内容の一つの例です。

3.3.4　「反論する」の効果

　「反論する」活動では、批判的な視点を持ち、反論する言い回しを練習することが目的です。反論することに焦点を当てて練習することで、超級で必要な自分の意見を擁護するするために、反対の立場も取り入れて議論を展開する力を養うことができます。

例3　報告書例

疑問提示	私たちは、このコメントを読んで、本当にレジ袋有料化は悪法なのだろうか、という疑問を持ちました。
判断・結論	結論的には、この人の主張している「レジ袋有料化は悪法だ」ということは間違っていると思います。
理由	確かにレジ袋は、全体のゴミの7％しか占めていませんが、有料化することによって、本当にいらない小さな袋を減らすことができるし、レジ袋の生産も減って、レジ袋の会社は、ほかの製品製造に切り替えるでしょう。そして、この法律の利点は、この法律によって人々がプラスチックゴミを増やしてはいけないということをもっともっと認識しはじめるということです。みんなが認識しはじめるという点では、いい点もあるので、悪法とは言えないと思いました。
反省点・感想	この課題では、どんなプラスチックがどのぐらいのゴミになっているか調べようとしましたが、そういうデータはなかなか探せませんでした。そういうデータが簡単に見つかるといいと思いました。

❹ 授業案5―仮定のタスク

4.1　仮定のタスクとは

　超級レベルでは「仮定を構築し展開することができる」（ACTFL, 2024）という「機能・総合タスク」がありますが、実は非常に理解されにくいようです。この「仮定」の「機能・総合タスク」を考える際に、3つのキーポイントをおさえる必要があります。一つは、「仮定を構築」すること、もう一つは、「抽象性」です。そして、3つ目は、「異なる（さまざまな）結末を模索する」です。

　まず、「仮定の構築」とはどういうことでしょうか。現在私たちの身の回りで起きているあらゆる出来事は、現実、事実として捉えることができます。仮定設定は、それら現実、事実として捉えられている状況とは違う状況が起こっていると想像することから始まります。例えば、「大学の学費が無償になったら」「第二外国語が必修になったら」「大

学の必修科目がなくなったら」などが考えられます。

　抽象性を引き出すために、「Xだったら」という設定を、個人的なことではなく、社会や地域のレベルにあてはめます。例としては、法律やルール、世間ではこうするべきだと言われている常識でもよいですし、政治、経済、教育の制度に目を向けてもよいでしょう。それらの決まり事や常識とされていることがまったく変わってしまったら、という現実とは異なる状況を考えて、表現してみます。上記の学校の例のように、「もし大学の学費が無償になったら」とすると、社会のレベルに視野が広がります。ほかにも、決まり事や常識がまったく存在しなくなる、といった決まり事の存在の有無や、部分的な許容から全面的許容に変わったとしたら、反対に部分的な規制から全面規制になったら、などいろいろなパターンが考えられるので、柔軟に考えましょう。

　そして、現実と異なる状況がきちんと表現できたら、次は、どのような影響が出るかを模索します。これが、「異なる結末を模索する」です。具体的、現実的なレベルから抽象レベルに上げるために、その影響を受けるのは、「自分」という個人ではなく、どういうグループの人たちが影響を受けるのか、どのような分野（経済、政治など）がどういう影響を受けるのかを考えていきます。

　さらに、もう一つ有効な課題は、もし仮定の状況が何十年も続いたとしたら、現在当たり前だとされている社会の状況がどのように変化するかを考えることです。クラス全体で考える材料として、AIを例にとりあげることができます。AIの普及によって、人々の生活にも変化が現れています。さまざまな質問に即座に答えたり、手紙を代筆したり、日常生活のいたるところにAIが活用されています。このまま、AIが我々の生活に浸透していったら、人間の生活はどう変わるでしょうか。このような人々、社会の変化について述べることが超級における「仮定」です。

　仮定の指導には、まず、前述のような「抽象性をもった仮定」を提示します。そのあと、下記のようなワークシートを使って、定型表現を導入しながら、指導するとよいでしょう。

例4　ワークシート

> 影響・変化を与える
> （1）一般的にどんな影響が出るか
> 　　　＿＿（例：経済、教育）に＿＿（悪い・いい）影響が出てくるだろうと思います。
> 　　　［その影響について自分のことばを使ってもっと詳しく説明しましょう。］
> （2）社会のどのようなところ・どのような人々にどんな影響が出るか
> 　　　＿＿＿＿が大きな影響を受けると思います。
> 　　　［産業分野、人々（子供、共働き夫婦など）を一つ選んでどういう影響が出るかを詳しく説明しましょう。］
> （3）どのように変わっているか。
> 　　　［人々の考え方・生活様式・国際関係などがどのように変わっているかを説明しましょう。］

最終的に、書く練習としては、「もしXになったら」「Xの影響に関する考察」などの題で作文の課題にすることができます。口頭の課題としては、パネルディスカッション形式が効果的でしょう。グループごとに「高校で2つの外国語が必修になったら」「運転免許の上限年齢が設定されたら」などトピックを与え、グループ内で社会における影響や数十年後の変化などを一人ずつ発表し、話し合うとさらに「抽象レベルの仮定」の練習をすることができます。

　この「社会の影響を想像する」活動は、超級の仮定の設定についての議論展開に必要な力を養成するものです。単に「もしXだったら」という問いかけでは、具象レベル、個人レベルの答えで終わってしまいがちです。教師が効果的に社会一般に視点を向けることによって、社会のどのような面に影響が出るか、人々のどのような側面に変化がもたらされるかを抽象レベルで話せるように注意して指導していきましょう。

4.3　仮定のタスクの効果

　2024年版ACTFLガイドラインでは、超級話者は「意見が叙述でき、反論に対して議論が展開でき、仮定が構築できる」とされています。

これらは、3つの異なる言語活動のように思われますが、実は、「抽象性を持つ話題に関して話すことができる」という点で一致しています。仮定のタスクにおいても上記のように「洗練された語彙、表現」を用いて自らの展望が述べられる、ということに重点が置かれています。このタスクを通して学習者をさらに超級に導くことができます。

❺ まとめ

　この章では、語彙力アップ、グループディベート、陳情書作成、反論、仮定タスクの指導案5つを紹介しました。上級レベルの学習者に「Xという問題について議論してください」とか、「もしYがZだったら、どんな影響が出るか述べてください」などのタスクを与えても、上級レベルの答えしか返ってきません。超級レベルの発話とはどんなものであるか、どんな語彙や表現を使うべきかを提示した「足場かけ」が重要です。ここで提案された授業案をぜひ足場かけとしてクラスで活用してください。

参考文献

American Council on the Teaching of Foreign Languages (2024). *ACTFL proficiency guidelines 2024*. Alexandria, Virginia: ACTFL.

第5部 補遺

1 補：卓越級とは

三浦謙一

❶ 卓越級が制定された経緯

　第1部 第1章で述べられているように卓越級（Distinguished）はACTFL Proficiency Guidelines 2012（2012年版ACTFLプロフィシェンシーガイドライン、以下2012年版ACTFLガイドライン）ではじめて制定されたレベルです。それまでは、ACTFLガイドラインの超級は国務省（Defense Language Institute: DLI）の基準の3以上とされていましたが、2012年版ACTFLガイドラインで国務省の基準の4以上は卓越級であると定められ、2024年版でもそれは踏襲されています。DLIの基準とACTFLの基準の対応は次の通りです。

米国国務省の基準とACTFLの基準の対応
ACTFL ガイドライン（2012）

国務省（DLI）の基準	ACTFL
5 4+ 4	Distinguished（卓越級）
3+ 3	Superior（超級）
2+ 2	Advanced High（上級-上） Advanced Mid（上級-中） Advanced Low（上級-下）
1+ 1	Intermediate High（中級-上） Intermediate Mid（中級-中） Intermediate Low（中級-下）
0+ 0	Novice High（初級-上） Novice Mid（初級-中） Novice Low（初級-下）

(ACTFL, 2012)

卓越級が加えられたことは、ACTFLのOPIで卓越級まで測定するようになったということではありません。卓越級の設定は主に2つの理由があります。まず、超級の幅を明記することです。ACTFLのOPIではフロア（下限）を測定する際、そのレベルの「機能・総合タスク」「場面・内容」「正確さ・理解難易度」「テキストタイプ」をすべてクリアしていることを証明せねばなりませんが、レベルチェックにおいてはそのレベルの最低限の発話ができるかどうか調べます。つまり、中級では最低限の中級の発話、上級では最低限の上級の発話ができるかをチェックするということです。これは、超級がフロアである場合も同じです。超級の「最低限の」発話を考えた場合、上のレベルと対比することが必要です。例えば、中級のベースラインである中級−下の話者は、中級のタスクはかろうじてこなせますが、上級のタスクは、ほとんどできません。同じように超級の最低限（ベースライン）のレベルを考える際に上のレベルと比べる必要があります。それを可能にするために超級の上に卓越級が制定されました。言い換えれば、卓越級ができたことにより、超級のベースラインがはっきりしたということです。また、超級レベルは、2012年以前は一番上のレベルであったため、「母語話者のレベルである」「言語学習において最上のレベルである」等、誤って理解されることが多かったことも卓越級設定の理由です。

❷ 卓越級のプロフィシェンシーガイドライン（話す能力）とは

　2024年版ACTFLガイドラインの卓越級の記述は次の通りです。

> 卓越級レベルの話者は、言語を巧みに、正確に、効率的に、また効果的に使用することができる。地球規模の広範囲の問題や高度に抽象的な概念を文化的に適切な方法で議論することが可能である。卓越級レベルでは、話者は助言、説得、および交渉を行うことができ、必ずしも自分のものではない観点から論じたり、仮定を述べたりすることができる。また、文化的に適切な方法で聞き手に応じた話し方で話せる。例えば、聴衆に合わせてことばを変える、会議や討論会に参加する、正式なスピーチをするなどである。
> 卓越級話者は、高度に洗練され、まとめられた談話を生み出す能力を

> 有する。また、簡潔に話すことができ、しばしば文化的および歴史的な引用を用いて、長い描写や説明なしに簡潔に意味を表現することができる。このレベルでは、口頭での会話は通常、書きことばに似ている。卓越級レベルの話者は、自分の考えを整理して表現ために修辞法などの談話ストラテジーを使用する。楽に滑らかに話せるほかの既知の言語の発音、またはイントネーションパターンの影響が存在する場合があるが、コミュニケーションが妨げられることはない。

(ACTFL, 2024)

　超級話者と卓越級の話者の違いは、超級話者が「複段落を用いて意見の叙述ができる」のに対して、卓越級話者は、それに加え、「全世界の包括的な問題や高度な抽象概念について」「文化的に適切な形で」述べられるということです。また、そのためには話者の「教養の高さ」も必要であるとされています。つまり、卓越級の話者は言語に加えて、広い方面での知識を発話の中に取り入れることができる話者であることが必要とされます。

　次の卓越級の発話を考えてみましょう。

A　：　私は、宗教の根底にあるものは、秩序だと思います。まず、人間の進化というものを考えるとき、原始共産制、つまり、階級、富といった概念が存在しなかった時代にさかのぼって考えることが必要です。そのような時代においても喜怒哀楽といった人間の基本的な感情は存在していますから、そのような感情のおもむくままにすべての人間が行動していたら、百鬼夜行の状態となってしまいます。それを制御するためにはなんらかの規則が必要となりますが、罪、罰という概念のない時代には規則という概念も当然存在しません。しかし、それに取って代わったのが、自然への畏敬の念、それに付随する超自然的な存在への畏怖といった感情であったのではないでしょうか。それがいわゆる宗教のはじまりであり、それらの感情によって人間社会には秩序が保たれていたのではないかと思います。季節がある地域でも、ない地域でも時に雷、日蝕(にっしょく)、月蝕(げっしょく)、大雪といった単発的な自然の怒りに触れることがあります。そのような一過性の感情的とも言える自然に触れることにより、人間は秩序のある自

然、ひいては秩序のある生活の必要性を学び、それが宗教の根底に流れるものであるのではないかと思います。

　このような受動的な自然への畏敬の念はやがて能動的な交流に変わりました。これは、人間のほうから積極的に自然を支配する存在に語りかけていく段階です。これが宗教の始まりであると私は考えます。例えば、日本でも原始共産制であった縄文、弥生時代において、呪術を行っていたという痕跡が発見されています。これは、超自然的な存在と接触する試みがあったという証拠であり、これが母体となって宗教、日本においては神道へと発展していったのだと思います。

　そのような人間と自然、自然を支配する超自然的な存在の関係は人類に共通なものです。階級、富といった概念が浸透するにつれ、宗教も組織化されていくわけで、その過程、文化背景等のためにさまざまな宗教が生まれたのではないでしょうか。しかし、宗教の源は前に述べたように人間自ら混沌とした状態において共存するための概念を見いだしたことですので、どの宗教においても根底に流れるものは秩序であると私は考えます。

　この発話に見られるのは、「宗教の根底にあるもの」という高度に抽象的な話題に関する話者の答えです。話者はある特定の社会における現象について意見を述べるのではなく、宗教という普遍的なテーマについて見解を述べています。卓越級の発話を可能にしているのは、「畏敬の念」「畏怖」「根底に流れる」「百鬼夜行」等の高度に洗練された抽象概念を表す表現を駆使しつつ宗教の根源という抽象的な話題について多角的に語る能力です。その能力は話者の知性、教養の高さと深く関わっています。原始共産制、縄文・弥生時代に関する知識、その知識を宗教の根源と結びつける知性があってはじめて上のような発話が可能となります。このように卓越級の話者は抽象的な話題についてさまざまな角度から深く思考を巡らせることができる知性、その思考のプロセスを言語化する能力をあわせ持つ話者だと言えるでしょう。

　そのほかに卓越級話者は、聞き手に合わせて言語スタイルを変えることができるという能力も有しています。例えば、式典などでスピーチをするときの言語使用、関係が上の人に報告または依頼などをする

際の言語使用、近しい関係の人と話す際の言語使用等があげられます。これらの使い分けが問題なくこなせることも必要とされる能力です。

　卓越級を考える上でもう一つ大切なことは、超級と同じように「母語話者の発話」が基準ではないということです。卓越級の記述には次のように述べられています。「楽に滑らかに話せる、ほかの既知の発音、またはイントネーションパターンの影響が存在する場合があるが、コミュニケーションが妨げられることはない」(ACTFL, 2024)。言い換えれば、非母語話者、つまり日本語を外国語として学習した人でも卓越級話者になり得るということです。反対に非母語話者のアクセントがなく、効果的に表現を用いることができ、文化に根ざした表現を用いて話せる「母語話者」も前述のように「深い知識をもとに高度に抽象的な話題について話す」ことができなければ卓越級話者であると言えません。話者の言語習得の期間、過程、背景は考慮せず、「話者は何ができるか」ということに焦点を置くことは、初級から卓越級まで一貫したACTFLガイドラインの原点です。

　母語話者、非母語話者を問わず、言語使用に「完璧」という概念は存在しません。言語教育、評価において我々が考えねばならないことは、上記のように「対象言語を用いて何ができるか」ということです。したがって、言語教師は「次には何ができるようになるべきか」を考えて学習者を導く必要があります。最上のレベルである卓越級では「できること」の安定度、幅を広げることが目標になります。初級から卓越級まで含むACTFLガイドラインはそのような目標を明確に示していると言えるでしょう。

参考文献

American Council on the Teaching of Foreign Languages. (2012). *ACTFL OPIc familiarization manual*. Alexandria, Virginia: ACTFL.

American Council on the Teaching of Foreign Languages (2024). *ACTFL proficiency guidelines 2024*. Alexandria, Virginia: ACTFL.

1章 ● 補 卓越級とは

三浦謙一

2 補：CEFRと ACTFLガイドライン

三浦謙一

❶ 2024年版ACTFLガイドラインとCEFRの関係

　この章では2024年版ACTFLガイドラインとCEFR (Common European Framework of Reference for Languages: Learning, Teaching, Assessment, 外国語の学習、教授、評価のためのヨーロッパ共通参照枠) の関係について述べます。

　1971年以来、ヨーロッパの研究者たちは共同で、複雑化するヨーロッパの多言語、多文化社会に対応する言語習得、言語教育、言語レベルの評価に関して研究を進めてきました。CEFRは、その共同研究の集大成であると言えます。

　CEFRの作成目的は次のように述べられています。

① 国際間で教育機関相互の協力を推進し、容易にする。
② 言語能力資格を相互に認定するための堅実な基盤を提示する。
③ 学習者、教師、授業コース設計者、検定機関、教育官庁を援助し、その仕事の位置づけを行い、調整する。

（吉田・大橋, 2004, p. 5）

　CEFRは、1998年から数々の試行版が出され、2001年に英語とフランス語で出版されました。各章のタイトルは次の通りです。

① CEFRの政治的および教育的背景
② CEFRの理論的背景
③ 共通参照レベル
④ 言語使用と言語使用者／学習者
⑤ 言語使用者／学習者の能力
⑥ 言語学習と言語教育
⑦ 言語教育における課題とその役割

⑧ 言語の多様性とカリキュラム
⑨ 評価

　これらのタイトルから明らかなようにCEFRは、レベル設定に始まり、学習者がすべきこと、教育者がすべきこと、教育機関でのカリキュラムにいたるまで、言語習得に関してさまざまな角度から論じています。CEFRは2001年の出版後、日本語を含む多くの言語に翻訳され、さまざまな国で活用され、データ、実用案などが集められました。その後、2007年の英国ケンブリッジでの会議をはじめとするさまざまな場での討論を通じて改良が加えられ、また、ヨーロッパ言語以外の言語にも応用されるようになりました。2018年には「新能力記述文を伴うCEFR随伴版」も出版されました。現在では、CEFRはACTFLのガイドライン同様、言語学習、教育、アセスメントの分野で重要な手引きとなっています。

　CEFRの特徴は、言語を従来の4技能から捉えるのではなく、さまざまな「言語活動 (language activities)」におけるコミュニケーションのツールとして捉えていることにあります。言語活動はCEFRでは、受容的言語活動 (reception)、産出（表出）的言語活動 (production)、（ことばの）やりとり (interaction)、翻訳、通訳などの仲介活動 (mediation) の4つに分類されています(吉田・大橋, 2004, p.14)。これらを4技能に照らし合わせてみると、受容的言語活動には「聞く」「読む」という能力が必要とされますし、産出的言語活動には、「書く」「話す」の技能が関わります。また、ことばのやりとり、仲介活動においては、4技能すべてが必要とされる場合もあります。これらの活動を遂行するにあたり、4技能に加えて、CEFRでは習慣などの文化的要素、ジェスチャー、表情などの「パラ言語」的要素にまで言及されています。

　さらに、言語活動の領域 (domain) をCEFRでは、公的領域 (public domain)、私的領域 (personal domain)、教育領域 (educational domain)、職業領域 (professional domain) の4つに分類しています(吉田・大橋, 2004, p.15)。つまり、CEFRで強調する言語（前述のように「非言語的要素」も含まれますが）使用は、「どのような場面（領域）において」「どのようなコミュニケーション活動ができるか」ということであると

言えます。ここには、CEFRの起草者の一人であるBrian Northが述べている「CEFRの核は社会生活を営むという観点からみた言語習得である」(North, 2007, p.656　筆者訳)という重点が如実に反映されています。

　　CEFRでは、言語使用者のレベルをA1、A2、B1、B2、C1、C2の6つのレベルに大きく分けています。Aのレベルは、Basic User（基礎段階の言語使用者）、Bのレベルは、Independent User（自立した言語使用者）、Cのレベルは、Proficient User（熟達した言語使用者）とされています。（A1はBreakthrough、A2はWaystage、B1はThreshold、B2はVantage、C1はEffective Operational Proficiency、C2はMasteryという名称がつけられていますが、適当な日本語訳が存在しないこと、無理な翻訳によって誤解が生じる危険性があることから、ここではあえて翻訳しないことにします）各レベルの能力の記述は表1の通りです。

　　CEFRの基本理念である「どのような場面においてどのようなコミュニケーション活動ができるか」ということは、これらの基準に明確に表れています。

　　CEFRのレベルは、利用者、利用する機関の必要に応じて、A1.1、A1.2、B1.1、B1.2 というようにさらに細分化させて使うことも可能である（吉田・大橋, 2004, pp.32-33）と述べられています。例えば、小学校、中学校等、低いレベルでの学習者の進歩に焦点を当てたい場合、A1.1、A1.2といったレベルが役に立つわけです。このように、CEFRは、利用者のニーズによって応用して利用することが奨励されています。このような柔軟性もCEFRの一つの特徴です。

表1　CEFRの言語能力基準

C2	聞いたり、読んだりしたほぼ全てのものを容易に理解することができる。いろいろな話し言葉や書き言葉から得た情報をまとめ、根拠も論点も一貫した方法で再構成できる。自然に、流暢かつ正確に自己表現ができ、非常に複雑な状況でも細かい意味の違い、区別を表現できる。
C1	いろいろな種類の高度な内容のかなり長いテクストを理解することができ、含意を把握できる。言葉を探しているという印象を与えずに、流暢に、また自然に自己表現ができる。社会的、学問的、職業上の目的に応じた、柔軟な、しかも効果的な言葉遣いができる。複雑な話題について明確で、しっかりとした構成の、詳細なテクストを作ることができる。その際テクストを構成する字句や接続表現、結束表現の用法をマスターしていることがうかがえる。
B2	自分の専門分野の技術的な議論も含めて、抽象的かつ具体的な話題の複雑なテクストの主要な内容を理解できる。お互いに緊張しないで母語話者とやり取りができるくらい流暢かつ自然である。かなり広汎な範囲の話題について、明確で詳細なテクストを作ることができ、さまざまな選択肢について長所や短所を示しながら自己の視点を説明できる。
B1	仕事、学校、娯楽で普段出会うような身近な話題について、標準的な話し方であれば主要点を理解できる。その言葉が話されている地域を旅行しているときに起こりそうな、たいていの事態に対処することができる。身近で個人的にも関心のある話題について、単純な方法で結びつけられた、脈絡のあるテクストを作ることができる。経験、出来事、夢、希望、野心を説明し、意見や計画の理由、説明を短く述べることができる。
A2	ごく基本的な個人的情報や家族情報、買い物、近所、仕事など、直接的関係がある領域に関する、よく使われる文や表現が理解できる。簡単で日常的な範囲なら、身近で日常の事柄についての情報交換に応ずることができる。自分の背景や身の回りの状況や、直接的な必要性のある領域の事柄を簡単な言葉で説明できる。
A1	具体的な欲求を満足させるための、よく使われる日常的表現と基本的な言い回しは理解し、用いることもできる。自分や他人を紹介することができ、どこに住んでいるか、誰と知り合いか、持ち物などの個人的情報について、質問をしたり、答えたりできる。もし、相手がゆっくり、はっきりと話して、助け船を出してくれるなら簡単なやり取りをすることができる。

(吉田・大橋, 2004, p.25)

ACTFLのレベルは、各技能ごとに定められていますので、ACTFLのプロフィシェンシーレベルとCEFRのレベルを比較することは難しいのですが、Bärenfäger & Tschirner、Brian Northらが広範囲にわたる研究、分析をしています。それらの結果もとに公式にACTFLが出したACTFLとCEFRのレベルの対比は次の通りです。

表2　ACTFLとCEFRのレベルの対比

受動的スキル（読む、聞く）		能動的スキル（話す、書く）	
ACTFL	CEFR	ACTFL	CEFR
卓越級	C2		
超級	C1.2	超級	C2
上級-上	C1.1	上級-上	C1
上級-中	B2	上級-中	B2.2
上級-下	B1.2	上級-下	B2.1
中級-上	B1.1	中級-上	B1.2
中級-中	A2	中級-中	B1.1
中級-下	A1.2	中級-下	A2
初級-上	A1.1	初級-上	A1
初級-中	0	初級-中	0
初級-下	0	初級-下	0

(ACTFL, 2016, p.4)

この対比からCEFRの各レベルで要求される受動的スキルは能動的スキルより高いということがわかります。この差はCレベルでは特に顕著になり、能動的スキルのC2がACTFLの超級に当たるのに対し、受動的スキルでは卓越級となっています。これは、総合的な言語習得において受動的スキルの習得が能動的スキルの習得に先行することを裏づけています。またこの対比は、言語教育において4技能の効果的な指導法も示唆していると言えるでしょう。

CEFRとACTFLは、2010年にドイツのライプツィヒ、2011年に米国ユタ州プロヴォ、2013年にオーストリアのグラーツにて合同研究会議を開催し、ヨーロッパ諸国、米国を代表する研究者がACTFLとCEFRの比較、2つの基準の融合の可能性等に関して発表し、討論がなされました。それらの努力の結果、2024年現在で

は、LTI (Language Testing International) を通してACTFL OPI (Oral Proficiency Interview) を受けることによりCEFRの公式判定も受け取れるようになっています。また、CEFRを活用するGoethe InstitutでもCEFRとACTFLガイドラインの有効的な活用のために、両者の対比を示しています。今後もCEFRとACTFLガイドラインの研究はますますさかんになされていき、長期的には2つの基準をより密接に関係づける新しい尺度が生まれるものと思われます。

参考文献

American Council on the Teaching of Foreign Languages. (2012). *ACTFL OPIc familiarization manual*. Alexandria, Virginia: ACTFL.

ACTFL. (2016). Assigning CEFR ratings to ACTFL assessments. [Electronic version]. Retrieved on June 14, 2020, from http://aapl.actfl.org/sites/default/files/reports/Assigning_CEFR_Ratings_To_ACTFL_Assessments.pdf.

American Council on the Teaching of Foreign Languages (2024). *ACTFL proficiency guidelines 2024*. Alexandria, Virginia: ACTFL.

Council of Europe. (2001). *Common European framework of reference for languages: learning, teaching assessment*. Cambridge: Cambridge University Press.

Council of Europe. (2018). *Common European framework of reference for languages: learning, teaching assessment:companion volume*. [Electronic version].Retrieved on March 16, 2024 from https://rm.coe.int/cefr-companion-volume-with-new-descriptors-2018/1680787989.

Goethe Institut. CEFR-ACTFL scales comparison. Retrieved on September 15, 2020 from https://www.goethe.de/ins/us/en/spr/unt/ffd/mdg/ver.html.

North, B. (2007). The CEFR illustrative descriptor scales. *The Modern Language Journal, 91* (4). 656-659.

吉島茂・大橋理枝(訳・編)(2004).『外国語の学習、教授、評価のためのヨーロッパ共通参照枠』朝日出版社．https://www.goethe.de/resources/files/pdf191/cefr31.pdf,（参照2020-05-01）．

欧州評議会 (2020).『言語の学習、教授、評価のためのヨーロッパ共通参照枠随伴版』．Goethe-Institut Tokyo. https://www.goethe.de/resources/files/pdf328/cefr-cv-jap-mit-cover-finale-neu-v3.pdf,（参照2024-02-17）．

おわりに

　筆者はさまざまな教育機関での日本語教育を視察する機会がありました。そのような機会によく文法に重点が置かれすぎた指導を目にしました。例えば、口頭試験において次のようなやりとりがありました。

　教師：どんな面白いことをしたことがありますか。
　学生：日本に行ったことがあります。
　教師：あ、そうですか。（「Use たり」というカードを見せて）春休
　　　　みに何をしましたか。
　学生：海に行ったり、泳いだりしました。

　これらが口頭試験の質問と答えですから、授業での活動もこのように「文法を使って文が作れる」ということが目標であったと推測されます。最初の質問は学習者が「ことがある」という文法を使った文が正しく産出できるかを調べるためのもので、「日本に行ったことがあります」という答えを「正確に」言えた時点で調査終了です。教師は「あ、そうですか」とだけ答え、次の質問に移っています。次の質問では「たり」という文法を使って答えるように指示が出され、学生は指示通り指定された文法を使って答えています。
　ここで考えねばならないことは、これらの「文法中心」の活動の意義です。確かに文法が正しく使えることは大切なことです。しかし、「言語」とは、コミュニケーションの手段にすぎないものであるということを忘れるべきではありません。文法中心の活動では一文を作ることに終始しがちですが、一文だけでコミュニケーションが終わることはまずありませんし、使う文法を指定されるコミュニケーションは極めて不自然です。
　第2部 第2章でも述べましたが、言語使用の目的は文法という「名脇役」を使って「主役」であるコミュニケーションを成し遂げることです。文法が主役になることは本末転倒、木を見て森を見ず、である

と言えます。言語教師は、文法を脇役に押しやり（また、効果的に利用し）、コミュニケーションという主役を舞台の中心においた言語活動に重きを置くべきです。

　PBIの主眼点はコミュニケーションを中心にすえることにほかなりません。つまり、言語を使って何ができるか、ということに焦点を置くことです。また、より複雑なことができるようになるにはどうすればよいかを考えて学習者を効果的に上のレベルに導いていくことがPBIによる語学教育だと言えるでしょう。日本語教育に携わる多くの方が本書を「コミュニケーションのための日本語教育」を実践するために役立ててくださることを希望します。

　我々著者は、ACTFL、American Association of Teachers of Japanese（全米日本語教育学会）でPBIに関してさまざまな発表をし、多くの研究者、教育者の方々からフィードバックをいただく機会がありました。また、本書の出版にあたり、ACTFLより執筆許可をいただきました。ここに感謝の意を表したいと思います。

（三浦謙一）

著者一覧

三浦 謙一（みうら けんいち）

所属　Franklin & Marshall College
主な著書
「教科書至上主義脱却：多様性に対応する日本語教育」*Proceedings of the 2023 Conference of Canadian Association of Japanese Language Educators*, 2023.「学びの共同体：教え合い学び合う教室作り」*Proceedings of the 29th Princeton Japanese Pedagogy Forum*, 2023.『OPIによる会話能力の評価 —テスティング、教育、研究に生かす—』（編著、共著）凡人社, 2020.

活動と興味をもっていること
全米日本語教育学会 Proficiency Assessment Special Interest Group 会長、American Council on the Teaching of Foreign Languages (ACTFL) OPI 日本語ファシリテーター、ACTFL OPI テスター、WPT (Written Proficiency Test)、OPIc (Oral Proficiency Interview-Computer) レーター、プロフィシェンシーや新しい日本語教育に関してのワークショップ、招待講演、基調講演多数。
興味をもっている分野は、プロフィシェンシーと多様性、語学学習と人間的成長、学習者の個性重視の日本語教育。

渡辺 素和子（わたなべ すわこ）

所属　University of Portland
主な著書
Lessons from OPI: Context- and Discourse-based Instruction. *New Horizons in Japanese Language Education*. Hituji Shobo, 2014.「語用論的能力の諸相とアセスメント」『アセスメントと日本語教育－新しい評価の理論と実践』（共著）ひつじ書房, 2010. Content-Based Instruction ni okeru hyooka no mondai to teian (Assessment Issues in Content-Based Instruction). *Journal CAJLE, Vol. 12*, 2011. Cohesion and Coherence Strategies in Paragraph and Extended Discourse in Japanese Oral Proficiency Interview. *Foreign Language Annals, Vol. 33*, No. 4, 2003.

活動と興味をもっていること
ACTFL OPIのテスター、ファシリテーター、および ILR OPI のテスターとしてOPI を頻繁に実施し、テスター候補者の評価に携わる。現在では、ACTFLプロフィシェンシーガイドラインにおける中級の会話、上級のナラティブ指導、また、ガイドラインをどのようにカリキュラムに応用していくかの研究に関心がある。

味岡 麻由美（あじおか まゆみ）

所属　California State University, San Bernardino
主な著書
「一般化タスク活動の意義と実践の提案」[Generalization skill: Aiming for advanced level in Japanese]. *JALT2013 Conference Proceedings*, 2014. A Japanese heritage speaker's acquisition of formal writing in Japanese and heritage motivation: A case study. Doctoral dissertation. *Department of Applied Linguistics*, 2024.

活動と興味をもっていること
第二言語習得と日本語教育および英語教育に興味を持ち、学習者の発話を促す活動の開発に取り組んでいる。最近は継承語話者および日系アメリカ人の言語学習動機、ならびにアイデンティティについて研究している。前ACTFL OPI認定テスター。

川西 由美子（かわにし ゆみこ）

所属　University of California, Los Angeles
主な著書
「一般化タスク活動の意義と実践の提案」[Generalization skill: Aiming for advanced level in Japanese]. *JALT2013 Conference Proceedings*, 2014. Reason-Coding in Japanese: A Multiple Grammar Perspective. *Pragmatics of Japanese: Perspectives on grammar, interaction and culture*. John Benjamins, 2018. Is Referent Reintroduction More Vulnerable to Crosslinguistic Influence? *An Analysis of Referential Choice among Japanese–English Bilingual Children. Vol. 9. 120. Languages*, 2024.

活動と興味をもっていること
機能言語学と日本語教育に興味をもち、最近は教材開発に取り組んでいる。GIFを使ったオノマトペ教材、文脈の中での描写・叙述練習のための教材、すきま教材など。リモートも含め、研修会・勉強会に参加し、教材を共有することを通して、多くの日本語教師とつながり、お互いに学びあっている。ACTFL OPIテスター。

久保 百世（くぼ ももよ）

所属　Stanford University
主な著書
「私の工夫―日本語助詞には意味がある　助詞に絵をつけて日本語学習」『月刊日本語XXX年X月号』アルク, 1991. 「気付きと選択：社会言語学的能力の養成を目指す日本語教育の意義」（共著）『言語学と日本語教育Ⅲ』くろしお出版, 2004.

活動と興味をもっていること
(1) テクノロジーを使った反転授業を行うことでの対面授業の充実　(2)プロフィシェンシーを基底とした多読授業の効果　(3) プロフィシェンシーを基底とした介護の日本語教育の教材開発の科研研究に参加中。2014年にACTFL OPIテスター資格取得。2018年にACTFL WPTレーター資格取得。

高見 智子（たかみ ともこ）

所属　University of Pennsylvania
主な著書
『中級から伸ばす ビジネスケースで学ぶ日本語』ジャパンタイムズ出版, 2014.『未来を作ることばの教育をめざして―内容重視の批判的言語教育（Critical Content-Based Instruction）の理論と実践』（共編）ココ出版, 2015.

活動と興味をもっていること
全米日本語教育学会よりTeacher Award受賞 (2019)。全米日本語教育学会会長 (2022)、ならびに全米日本語教育学会役員 (2021-2022)を務める。ACTFL OPIテスター資格を取得 (2001)。興味のある研究分野は、日本語教育・ビジネス日本語教育。プロフィシェンシー重視教育や内容重視教育を取り入れたカリキュラム開発や指導について、日本・海外でワークショップ、招待講演、基調講演を行っている。

PBIによる日本語教育の実践
―プロフィシェンシーを伸ばす、話す能力をつちかう授業―

2024年11月29日　初版第1刷発行

編 著 者	三浦謙一，渡辺素和子	
著　　者	味岡麻由美，川西由美子，久保百世，高見智子	
発　　行	株式会社凡人社	
	〒102-0093　東京都千代田区平河町1-3-13	
カバーデザイン	株式会社クオリアデザイン事務所	

ISBN 978-4-86746-042-9　©MIURA Kenichi, WATANABE Suwako, AJIOKA Mayumi, KAWANISHI Yumiko, KUBO Momoyo, and TAKAMI Tomoko, 2024
Printed in Japan

定価はカバーに表示してあります。乱丁本・落丁本はお取り換えいたします。

＊本書の一部あるいは全部について、著作者から文書による承諾を得ずに、いかなる方法においても無断で
　転載・複写・複製することは法律で固く禁じられています。